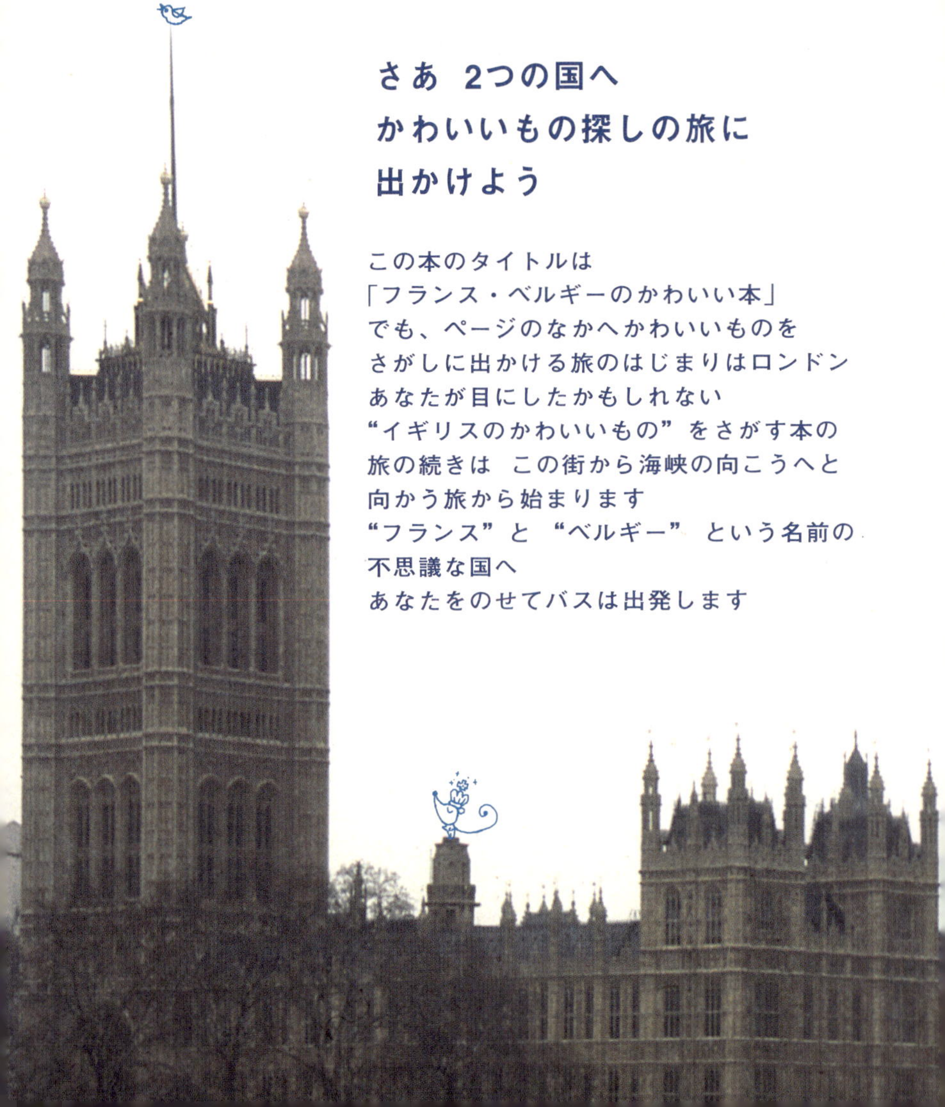

さあ 2つの国へ
かわいいもの探しの旅に
出かけよう

この本のタイトルは
「フランス・ベルギーのかわいい本」
でも、ページのなかへかわいいものを
さがしに出かける旅のはじまりはロンドン
あなたが目にしたかもしれない
"イギリスのかわいいもの"をさがす本の
旅の続きは この街から海峡の向こうへと
向かう旅から始まります
"フランス" と "ベルギー" という名前の
不思議な国へ
あなたをのせてバスは出発します

フランス・
ベルギーの
かわいい本

バスは雨のなか イギリスの道を南へ 東へ

CONTENTS

Lille リール 008

世界でいちばん大きなブロカント 009 ▶ 016
国境の海岸 017 ▶ 021

Bruxelle ブリュッセル 022

世界一美しい劇場 023　お菓子 024
毎日が蚤の市 026　アトミウム 028

海峡を渡るフェリーの
港町の公園で
野うさぎがお出迎え

La Tour Eben-Ezer エベン・エゼールの塔 032

子どもたち 034　塔のなかとそと 036 ▶ 038

Redu ルデュ 042

古本の村 043 ▶ 044
絵本たち 045 ▶ 063

ムッシュ徳岡●写真

フランス・ベルギーの
かわいい本

CONTENTS

Paris パリ #1 065

ルルさんのお店 066　　冒険 068
モンマルトル 071▶ 073
お菓子 074▶ 080　　バレリーナ 081▶ 090
パッサージュ 091▶ 095

Ile de France　Loire　Bourgogne　　途中下車の町と村 096

赤ずきんの森とお城 098▶ 102
森との境界の村 104
田舎の町のすてきなお店 106▶ 109
EXPO 110　　ふくろうくん 112

Lyon リヨン　116

Chiakiさんと運河の市 119▶ 121
かわいいアンティークと雑貨たち 122▶ 136
ギニョールの街 137

Paris パリ #2 140

3つの人形劇場 140▶ 147
公園 148▶ 151　　図書館 152

地図 164　　スポットガイド 166▶ 171
あとがき 172

Lille リール

カレーからながめた東の空　フランスの北の光のした
そこは　ヨーロッパじゅうから　かわいいものが集まるところ

傘と女の子が目印のお菓子会社"ChocolatMenier"の100年以上むかしの看板。

きっと、ここが世界でいちばん大きなブロカント ▶ P.166

Trést grand marché aux puces

「リールにいきたい」「どうして？」「ブロカントが立つんだ。年に一度だけ。9月の最初の週末に」フランスの北方、ノールの街リールを訪れることを決めたのは、そのことばからでした。ブロカントとはフランスの古道具市のこと。「100万人以上、ヨーロッパじゅうからやってくる」「通りも露地も、公園でも家の前でもどこでも蚤の市」「…？？」半信半疑で、リールの街でバスを降りると……。

1 公園の芝生いっぱいの絵画や紙もの。ちょっと雨でも平気みたい。**2** アンティークレースもそのまま路樹に掛けて **3** 玩具や古本を売っていた父子。お父さんの本棚からの掘出物はP.12にありますよ。

フランス・ベルギーのかわいい本 / P.010 ▶ P.011 / リール/ 世界でいちばん大きなブロカント.

街の中心へ向かうと、ヨーロッパのあちこちから集まったアンティークの露店も。ここは、オランダのおじさんのお店。

ノールの街　リールの"大蚤の市"
おおきな通り　ちいさな露地をまわって見つけた

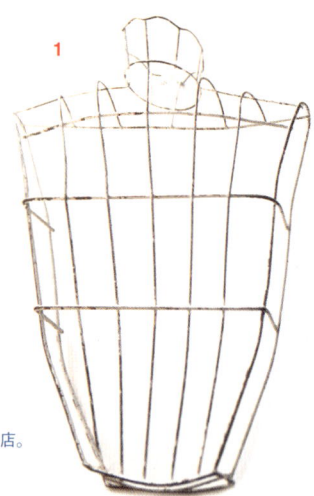

ふつうのお家のドアの前にも
たぶん子ども部屋から出て来たものを箱にならべたちいさなお店。

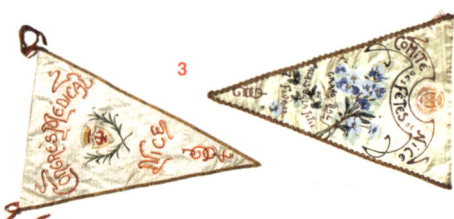

父子のお店の掘出物。フランスの探偵小説"Le Saint"の
ペーパーバックスの表紙たち。3冊で1ユーロ。格安！

いろんな時代のボタンが
あの店、この露店に。

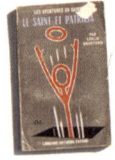

フランス・ベルギーのかわいい本 / P.012 ▶ P.013 / リール /世界でいちばん大きなブロカント.

ブロカントたち

5

おなじみの
ミシュランくんも発見。
露店で見つけた
掘出物といっしょに
お持ちかえり。

ピンクのホーローは
ナポレオン3世時代のもの。

1 ワイヤーのレトロでモダンなトルソー。アートの作品のよう **2** 玩具のミシンは
むかしのフランスのいろとかたち **3** たぶん、アール・ヌーボーの時代のもの
4 1950年代の貯金箱。P.9の看板の"ChocolatMenier"ちゃんの半世紀後の姿
5 ペイネのお皿。新聞社のノベルティの灰皿はフランスいろのトリコロール。

積み木は70年代のORTF局の人形アニメ
コラーグルのキャラクターものだそう。

フランス・ベルギーのかわいい本 / P.014 ▶ P.015 / リール / 世界でいちばん大きなブロカント.

あの国あの街からやってきた
かわいいもの

1 オランダのおみやげの青い木靴
2 スウェーデンからやってきた露店で
見つけたニルスのお菓子の型
3 デンマークの今の姿とは違う
100年以上前のイルマちゃん
4 こちらもニルスの壁飾り
5 ドイツの19世紀のパン屋さんの看板
6 おなじみロシアの
"こぐまのミーシャ"
7 ストックホルムから
やってきた露店で見つけた小皿

フランスの
あの町この村からやってきた
きれいなもの

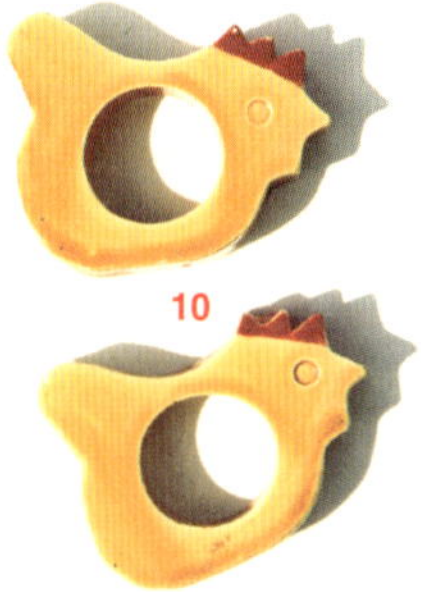

8 絵本のようなシルエットの壁かざり
9 ローヌ・アルプのおみやげだそう
10 戦前のナプキンホルダーです
11 まんまる手芸の道具箱
12 こちらもローヌ・アルプのもの
  隣のスイスに玩具と似ています

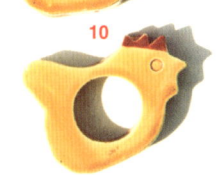

きれいないろとかたちの灰皿。
街道を馬車が行き来していた
頃のもの。北フランスの海岸の
町の道ばたで、おなじかたちを
みつけました。

むかしの固形スープの金ものケース。真四角にくっきりデザインされた文字がきれい。

1 珍しい！フランスのマッチラベルのコレクション発見 **2** 北欧のキッチンウェアのお店。きれいなディスプレイ **3** 玩具の店で見つけた"タンタン"シリーズの最初の本。ベルギーでも会えるかな？

フランス・ベルギーのかわいい本 / P.016 ▶ P.017 / リール / 国境の海岸.

リールの街からふたたび 北フランスの海岸へ
海からの贈り物が家々をかざる ベルギーとの国境の町へ

リールの大蚤の市が終わった、週明けの月曜日。
ドーバー海峡（フランス人はカレー海峡と呼びます）をのぞむダンケルクから、さらに北へ
到着したちいさな町は、砂丘のうえのちいさな保養地
そこは、フランスの北の端、空と海の境がとけあうところ。

フランスの北端の町Bray-Dunesは、風が運ぶ砂と波のささやきをききながら、ゆっくり時間の流れるところ。
食堂の人々のかわすことば、窓からの光、海辺にならぶ家々のいろとかたち、まるで夢のなかのできごとのよう。

車の道も行き止まり
遠浅の海につづく砂浜を歩んでいくと　ほら

ベルギーから海岸を歩いてやってきた
大学生たち。夏のお終いの浜辺で
ビーチバレー。

ここが
　　フランスのいちばん北の果て　　そこで見つけたもの

フランスからベルギーの
国境の検問所は、いまは
誰もいない廃墟のよう。
その裏手の農場につづく
門でみつけた影絵のような
シルエット。

さあ 門をあけて もうひとつの国へ

フランス・ベルギーのかわいい本 / P.020 ▶ P.021 / リール / 国境の海岸

ページを開いて　かわいいものがある場所へ

Bruxelles ブリュッセル

ベルギーのなかの"ちいさなパリ"と呼ばれる街のあちこちには
きれいなもの おいしいもの 不思議なことに出会える扉がいっぱい

1 有名な小便小僧。ジュリアンくんという名前です **2** 一角獣のゴブラン織は、手工芸の都の証
3 住宅街のかわいい洋裁店 **4** 裏道の手まわしオルガンの芸人。階上に住人にお祝のメッセージをお届け

"世界一美しい劇場"
そう呼ばれた場所

Trést belle ville

詩人のジャン・コクトーがそう呼んだ街の広場グラン・プラス。花の市の隣では、小鳥たちが歌うしあわせな場所。広場から四方へ拡がる街路をぬけて、冒険へ出かけよう。

フランス・ベルギーのかわいい本 / P.024 ▶ P.025 ブリュッセル / お菓子.

Gaufre de Liège 1

2

3

ムール貝の白ワイン蒸し。
空の貝がらで身をつまんで
食べます。

5

6

お菓子をめぐる冒険へ

ベルギーワッフルには2つのタイプが。**1**は丸いかたちの"リエージュ"風 **2**が長方形の"ブリュッセル"風 こちらの方がカリっと軽やか。塩味の生地でトッピング向き **3.4.5** かわいいかたちのチョコがいっぱい **6** むかしと変わらないきれいないろの砂糖菓子 **7** マジパンの人形のようなお菓子 **8.9** すきなチョコを選んでアソートが街たちの住人の買い方の基本 **10.11.12** ノイハウスやゴディバ、ヴィッタメールなどチョコの老舗があちこちに

ここでは ▶P.166
毎日が 蚤の市

Ça fait combien?

街の中心からちょっと離れた下町のジュ・ド・バル広場。ここでは毎日、アンティーク、というよりブロカントの蚤の市が開かれます。すてきなレースや手芸品も格安で。でも、アジアの複製品もまじっていることも。しっかり選んで、すてきなものを探すこと。

フランス・ベルギーのかわいい本 / P.026 ▶ P.027 / ブリュッセル / 毎日が蚤の市.

1 ベルギーレースやリネンのお店を発見。どれでも1ユーロの格安品も。
2 石畳に布をしいて、どんどんものをならべて重ねて。むかしのもの、いまのもの いろんな国からきたものも **3** 地面にそのまま置かれた段ボールのなかに重ねていた ちいさな小箱の奥から見つけたむかしの真鍮のバッジや金ものたち。

Jeu de Balle "舞踏会を楽しむ"という名前の広場の蚤の市。
早朝7時頃からお昼頃まで、毎日がアンティーク、ブロカントの舞踏会。

フランス・ベルギーのかわいい本 / P.028 ▶ P.029 / ブリュッセル/ アトミウム.

ジュ・ド・バル広場で見つけたブリュッセル万博のスーベニールのスプーン

紙ものの露店でポストカードも購入。

これは、置き物の当時のおみやげ。
リヨンの運河の市（P.121）で発見。

ようこそ アトミウムへ

C'est mignon?

ジュ・ド・バル広場の蚤の市の段ボールのなかから見つけたむかしのおみやげのスプーン。その先の
ふしぎなかざりと同じかたちのカードや写真を、ベルギーの古本や紙ものアンティークのお店でよく
見かけます。それは"アトミウム"。ブリュッセルで1958年に開かれた万国博覧会の巨大なシンボル。
鉄の分子模型を拡大した"むかしのみらい"の姿で、いまも郊外のレジャーパークからブリュッセル
を見つめています。9つの球のちょっとかわいい？ でも、なんだか不思議なかたち。

ジュ・ド・バル広場のそば
　　ブリュッセルのシャペル駅から ヨーロッパの列車の旅は はじまります

窓のそとの街や家は、野や牧場に
　　　　　近づく山なみ、森の光景

La Tour Eben-Ezer

エベン・エゼールの塔

ブリュッセルの北東　アルデンヌの深い森
列車を途中下車して　不思議な塔が待つ場所へ

枝には
飛び立とうとしたまま
魔法で石に変えられた鳥の姿。

目の前に最初に現れたのは

森のなか 進むべき道を示す矢印。

その樹にはガラスのようなフクロウが。

フランス・ベルギーのかわいい本 / P.032 ▶ P.033 / エベン・エゼールの塔.

巨大な卵が行く手をふさいでいます。

「フランスのかわいい本」(制作中)の旅の途中に聞いた、ベルギーの森の
向こうの不思議な塔の話、それを確かめにリエージュの郊外で
列車を途中下車。
中世の古城がのこるアルデンヌ地方のはずれに、その場所への入口と
導く森の迷路がありました。

幹に刻まれた文字。
森の訪問者へのメッセージ？

空に浮かんでいるのは、巨大な鳥の翼のよう。

ふたたび
森の矢印が現れました。

足下には、カタツムリの長老が。

あれあれ？ 子どもたちがやってきた
Bonjour les filles. Vous allez où?

1 森の矢印の示す先、どこからかがやがや声がすると… 2「こんにちは。王冠？森の向こうのどこかの国のプリンセスですか？」3 子どもたちの後を進んでいくと、お家の扉がありました 4 うえをながめるとそこは、不思議な塔の壁。むかしの軍人や、宗教家たちが、なんだかかわいい姿でならんでいます。どうやら、ここが森の旅の目的地エベン・エゼールの塔の家。

「この家はRobert Garcetロベール・ガルセが手づくりしました」家の管理人のおばさんが教えてくれました。1950年からほとんどひとりでイメージのままに十数年かけてつくった不思議な塔の家。でも、森の庭園から見上げたその姿は、まるで何百何千年もへた中世の塔のよう。ペローやグリムの童話のなかのお城のよう。

森のなかの庭園から階段をのぼって不思議な塔へ。扉を開けてそのなかへ。

塔の家のなかに入ると、階上からさっきの子どもたちのがやがや声が響きます。たぶん幼稚園の遠足みたい。
案内された最初の部屋は"智天使の間"とガルセが名づけた洞窟のような場所。天井に描かれた青空。でもそれは天使たちの羽ばたきを重く押えて、地上へと引き止めているみたい。

ガルセが描いたのは、幸福な光景ばかりではありません。
ここには、太古から現代までの戦争の不幸な歴史を記録した巨大な本も。

この人がロベール・ガルセさん。
不思議の塔のあるアルデンヌの森は、戦争の舞台となった場所。
「ガルセは、戦争と迫害を恐れ、とても憎んでいたのです。
そして、幸福と平和をのぞみながら、この塔をつくりました」
そう管理人さんは、語ります。

不思議な塔のなかは迷宮のよう でも 階段をのぼりたどりついた場所は

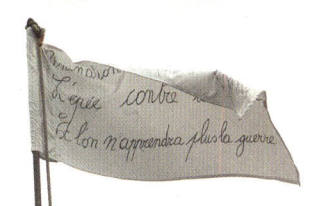

フランス・ベルギーのかわいい本 / P.036 ▶ P.037 / エベン・エゼールの塔 / 塔のなかとそと．

屋上のあちこちには、とてもかわいい絵。
それが、部屋にあった描写とは違う
やさしい線で描かれた絵とことば。

屋上の旗には、ガルゼの世界の幸福を願うことばが。

螺旋階段をのぼり、最上階の屋上へ。塔の四方には4体の像。
「天使たちは世界をながめ、翼を拡げています」
4つの像の顔は"智天使の間"で見た天使たちと同じ。
でも、衣は消えて、原野をかける動物たちのような姿。
翼を大きく拡げて、いまにも空に飛び立とうとしているみたい、

青い空　緑のアルデンヌの森

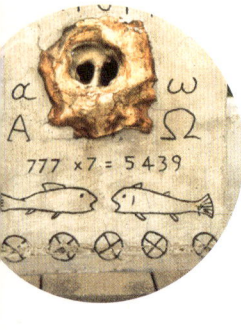

フランス・ベルギーのかわいい本 / P.038 ▶ P.039 / エベン・エゼールの塔 / 塔のなかとそと.

塔の屋上の壁の絵。
管理人さんが教えてくれた
聖書の伝えによると
人類の総数は5439人とのこと？？

ふたたび 列車にのって 羊たちがあそぶ牧場　ムーズ川の渓谷の町をこえて

森の谷間をぬけて　"古本の村"の最寄りの駅　リブラモンへ

列車を降りてバスの旅　駅からのった数人の乗客もひとりふたり姿を消して

いまはもう"古本の村"ルデュへと向かうのは わたしたちと運転手だけ

1 バスは1日に数本だけ。週末、祝日はお休みです。要注意 **2** 緑の牧場。羊たち。深い森。たまに現れる家とちいさな村。でも、人影はまばらです **3** とつぜん、まっすぐな舗装道に。そろそろ、終点かと思ったら **4** バスの路線が合っているか、ちょっと心配…… **5** 車窓をよこぎる美しいベルギーの田舎の景色

ルデュは、まだまだ先みたい。
田舎の道をくねくねバスは進みます。

Redu ルデュ

ベルギーの山のなか。ちいさな村だけど
世界じゅうから古書好きが集まる"古本の村" ▶ P.168

リブラモンの駅から1時間。ほら、やっと見えてきました。

ルデュの停留所に到着。
かならず、帰りのバスの時間をチェックして。

さっそく
古本屋めぐりにいきましょう

Il y a bequcoup de la librairie.

バス停前の案内所でルデュの地図をもらいました。ここにあるのは20数軒の古本屋さんとレストランとパン屋さん。そして教会と学校。どこも歩いてすぐのところ。ちょっとお腹がすいているけど、さっそく、本屋さんめぐりにでかけましょう。村を歩くと遠くで女の子たちがこっちを見つめています。

1 訪れたのは平日。そのせいかとても静か。不思議なかっこうのおじさんがぶらぶら 2 絵本をさがして入った本屋さんの窓には 3 以前は農家の倉庫がそのまま本屋さんに 4 分野ごとにならんだ書物たち。奥には、むかしの木版活字や印刷機 5 さっきの女の子たちと手芸と美術の本屋さんで"こんにちは"。

フランス・ベルギーのかわいい本 / P.044 ▶ P.045 / ルデュ / 絵本たち.

"古本の村" でいろんな国の かわいい本を見つけました

ベルギーはいくつもの国にかこまれた ちいさな国。"古本の村" ルデュにも ヨーロッパのあちこち、世界じゅうから いろんな時代の絵本が集まります。

6 フランス語圏のベルギーだから、古書絵本もフランスのものが充実。版画の手法で印刷された40〜50年代のきれいな絵本 **7** 教会の日曜学校で使われた絵本。印刷はフランスで発行はベルギーのクレジット **8** 古本のほかにも本屋さんをまわるとむかしのカードや紙ものたち。こんな19世紀のデコパージュ用の切り抜きも見つかります。

このかわいい絵本は
次のページでごしょうかい。

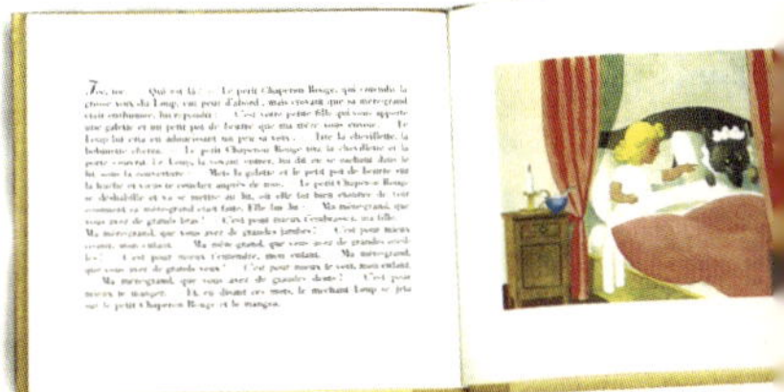

むかしの童話に忠実の1930年代の赤ずきんの絵本。
P.94のいまの赤ずきんちゃんたちとくらべてごらん。

かたつむりは、馬のかわり？
人の姿の妖精たちもご近所さんです。

フランスとはちがう 素朴でちょっと不思議なたのしさのむかしのベルギーの

levant les enfants dont, plus jamais, on entendait

Caroline était au désespoir. Qu'allait faire le mons-
rie ? Quel destin tragique allait être le sien ?

qui chérissait sa petite sœur, voyant le chagrin de sa
enter de la sauver. Il s'arma d'une magnifique épin-
ongue et brillante, et faisant ses adieux à sa mère a
rcha une grande libellule, qui, comme vous le savez,
etit monde; il disparut bientôt à l'horizon.

vola pendant bien des heures et arriva enfin devant
lugubre caverne où vivait Adolphe. Là, Christophe
cha derrière une grande feuille Après un moment
dit du bruit à l'intérieur de la caverne et vit deux yeux
s boules de feu, il sentit son cœur bondir contre ses
ant le ciel pour avoir du courage, il saisit sa loyale
Bientôt Adolphe passa la tête hors de la caverne et
ssant son épée à deux mains, d'une manière fou-
assa à travers la tête. Encore deux ou trois coups et
s Christophe entra accompagné de plusieurs lucioles
n chemin. Après avoir traversé de longs couloirs hu-
il entendit au loin sa sœur pleurer; il cria de sa jeune

r joie quand ils se retrouvèrent et s'embrassèrent; il
vait beaucoup d'autres prisonniers à libérer. Ils furent
un d'eux, une très belle et séduisante chenille, expliqua
e et insista pour retourner avec Christophe et sa pe-

— 6 —

恋と冒険。「アラビアンナイト」の影響も？

フランス・ベルギーのかわいい本 / P.046 ▶ P.047 /ルデュ /絵本たち.

かわいい絵本

il fit une chute et fut instantanément avalé p
drame, Caroline détestait les canards. Chaq
leur couac-couac au loin, ses cheveux se dressai
son lui parcourait l'épine dorsale.

Un matin, Caroline dut fermer sa petit
la ville afin de s'approvisionner. C'était un bea
était bleu et une alouette chantait tout là-hau
jouant au cerf-volant avec des pétales de roses,
endormi dans un petit hamac entre deux feuill
dit d'être bien sages et surtout de veiller sur leu

Le voyage vers la ville était fatigant. Carc
se sentait toute poussiéreuse quand elle arriva
loge, c'est-à-dire un escargot 'avec sa carapace
de porter son chargement toute seule.

Finalement, toute fourbue, elle arriva de
tout ahurie de voir une poule stationnant deva
était très affairé et parlait à la fois d'une faç
gens virent Caroline, ils se précipitèrent vers e
son bébé avait été enlevé par le cruel Adolphe

En apprenant cette effroyable nouvelle,
nouit et dur être transportée chez elle; elle s
après avoir bu un verre ou deux de son fameu
Rosée ».

Que faire ? Tout le monde craignait Adol
village depuis bien des années. Il avait fai

— 3 —

Madame Caroline veuve Chenille

M.B.Cooper 作/ 絵
1900年頃

ベルギーの古都リエージュで20世紀の始めに出版された絵本。P.45 の表紙のいも虫がさした日本風の傘やのすがた、本のタイトルから分かるように当時ヨーロッパで、大人気だったオペラ「マダムバタフライ」をイメージしながら虫たちを登場人物にしています。かわいいけれどちょっと不思議な雰囲気がフランスにはない、ベルギーらしさを感じる絵本。物語もしっかり描かれていて、子どものための読物だったよう。

ルデュで見つけた たのしい教材絵本 とてもきれいな図解絵本

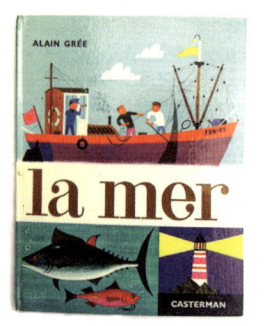

フランス語圏のベルギーでは
よく知られているアラン・グレ。

la mer

Alain Grée 作 / 絵
1972年

フランスの絵本作家アラン・グレが描いた
教材シリーズの一冊。「海」の巻。ボートや
貨物船、深海艇まで。魚たち動物たち。海
に関わるさまざまなものごと。絵本のなか
の男の子と女の子が出会い、体験していく
たのしい本です。

きれいないろとかたち。ユーモアもいっぱい。

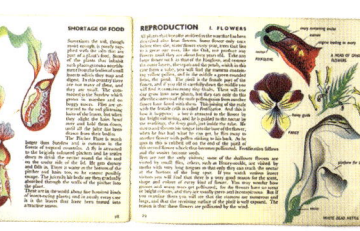

きれいなスミレのいろとかたち。

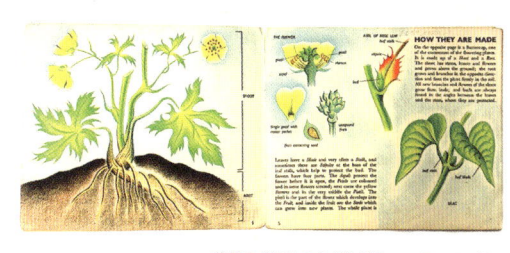

英語の"植物の生命"がテーマの1950年代の図解教材の絵本。でも、お店の人の話では、もともとフランスの作家によって戦前に描かれ発行された本の英語圏版とのこと。植物や花を描いたタッチ、いろづかいには、確かにむかしのヨーロッパらしさがいっぱい。

自然を正確にスケッチ。
でも、デザインを感じる絵とレイアウト。

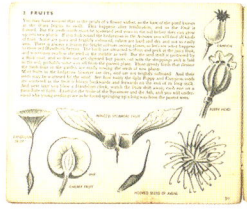

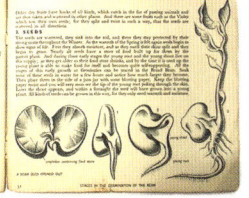

四季の植物、木々の変化。
人のくらしの移り変わり。

The Story of PLANT LIFE

Isabel Alexsander 絵　1957年

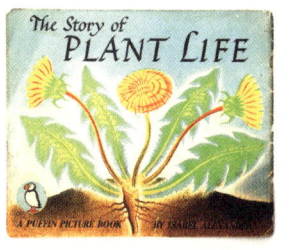

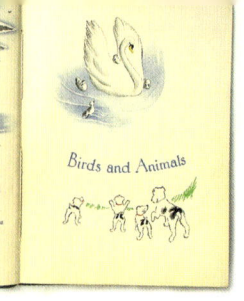

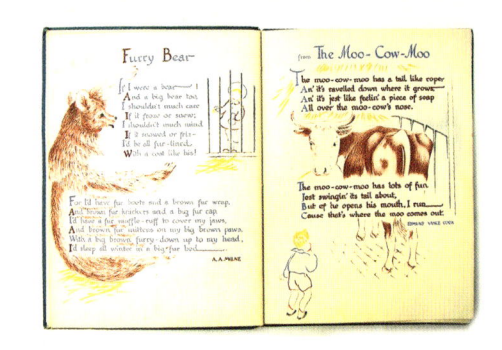

これは"魔法の灯り"という名の
不思議な かわいい本

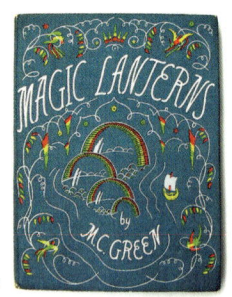

いまの印刷とはちがう、いろごとの版を重ねた本。青緑のインクの表紙もとてもきれい。

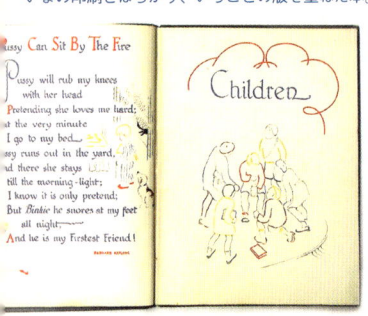

フランス・ベルギーのかわいい本 / P.050 ▶ P.051 / ルデュ / 絵本たち.

"魔法の灯り"が次々と灯っては消え、また現れるように、テーマごとに夢のような情景がページのうえにひろがります。

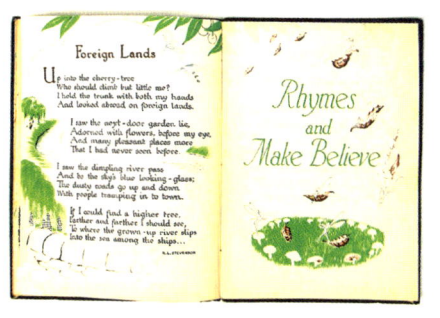

MAGIC LANTERNS

M.C.Green 作 / 絵　1949年

イギリスとオランダで同時に発行された美術作品のようなきれいな絵と文字の本。2つの国の間のベルギーで大切に読まれていた絵本です。子どもたちのいる場所、すごす時間、心に浮かぶイメージ、さまざまなテーマで線を描き、ことばをつむいでいく、まるで音楽をきくように読む魔法の絵本。
古本の村で見つけた宝物です。

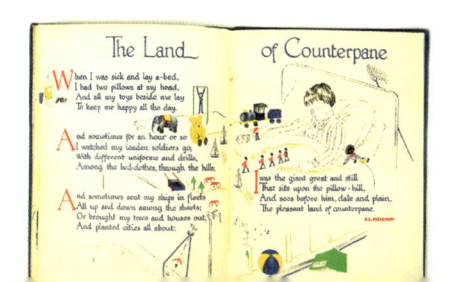

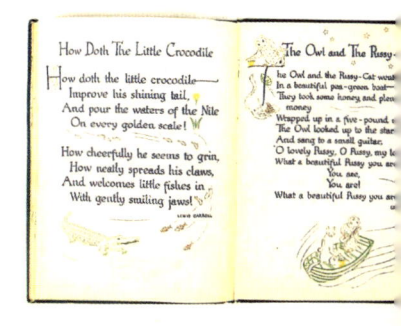

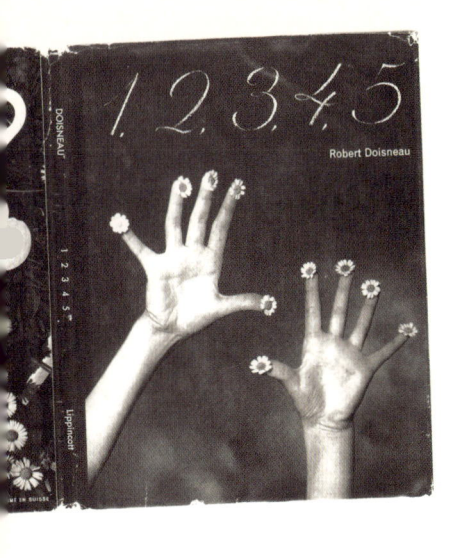

本のカバーをはずすとそれぞれの
数字のページの写真のモチーフの
イラストがクロス張りに型押し。
見えないところまできれい。

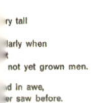

1 2 3 4 5

Robert Doisneau 写真
1950年代

パリの風景と人を写した写真で知られるドアノー
がつくった"数"の絵本。というか写真絵本。
1から12までの数字をイメージのモチーフにして
韻を踏んだ詩に、うつくしい写真をつけました。

それぞれのページの数字も
よく見ると、ほら
写真と同じモチーフが。

フランス・ベルギーのかわいい本 / P.052 ▶ P.053 / ルデュ / 絵本たち.

むかしの女の子。ちょっとふっくらスタイルがかわいい。

古本の棚をめぐっていくと　こんな掘出物とも出会えることも

女の子と8つの風船のダンス。

牧場と森のよく似た描写　でもそこにはベルギーをはさむ2つの国のちがいの

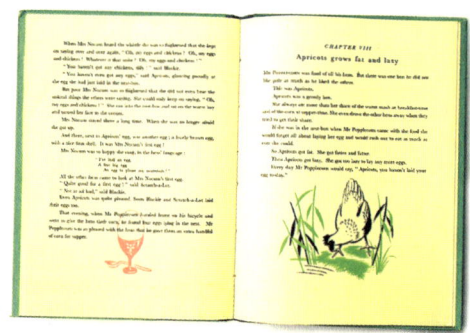

絵と文字を組み合わせて
こちらはイギリスらしいレイアウト

Mr.POPPLECORN
& Four Little Hens

Margaret Nusson 作　Kathleen Burrell 絵　1946年

こちらはイギリスの作家の絵本。農場や動物たちを描きながらくっきりモダンなフォルム、スタイリッシュないろづかい。

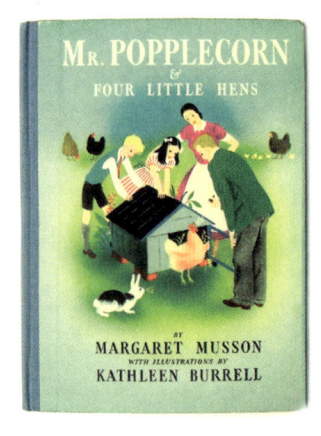

こちらは裏表紙。

たのしさ

AUTRES CONTES DU CHAT PERCHÉ

Marcel Ayme 作 Nathalie Parain 絵 1950年

フランスの絵本作家ナタリー・パランがページに
描いた牧場と川辺の風景は、とてもやさしい。
人と動物たちを幸福な時間を光がつつむよう。

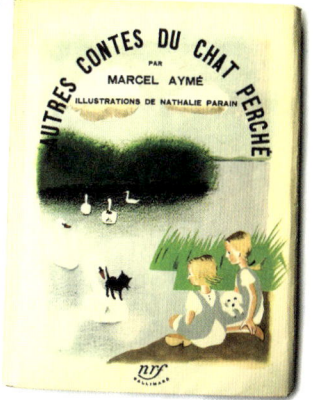

絵本のなかのやさしい光 しずかな時間 ルデュをつつむ牧場や森をページのなかに写したよう。

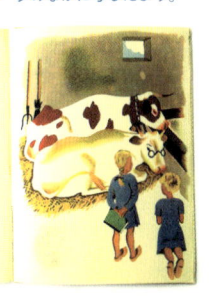

フランス・ベルギーのかわいい本 / P.056 ▶ P.057 / ルデュ / 絵本たち.

ほら。ページのなかをのぞいてごらん。
古本の村へと続く道を旅してきたときに目にした景色のよう。

ほら。この子も、牧場で草をかんでいた羊ととてもよく似ています。

ルデュの村の通りの行き止まり 頭をあげて黒い瞳がこちらを見つめてる

古本屋の店先には
森のかたちの雑貨や
おみやげも。これは
ドングリのキャンドル。

牧場の向こうの緑の山なみ
　　それを写すガラス窓を飾る 野の花のすがた

フランス・ベルギーのかわいい本 / P.058 ▶ P.059 / ルデュ / 絵本たち.

PANACHE L'ÉCUREUIL

Lida 作 Rojankovsky 絵
1934年

フランスの老舗出版社フラマリオン社の現在まで続くシリーズ絵本の戦前の名作。リスたちの森でのくらし、人里での冒険が描かれています。絵を描いたRojankovskyことROJANは、かわいいクマのぬいぐるみ "MICHIKA" の作者としても世界に多くのファンが。

森の動物たち

人間につかまったリス。この絵本の続きが読みたかったら、いまもさがせる名作絵本。

'Stolečku, prostři se, osličku, otřes se a obušku, z pytle ven

B.Grimm 作

1960年代、複数の手芸や造形の作家たちがグリムの童話を物語にそれぞれの手法でペースをつくった写真絵本。いまは消えてしまった共産圏だった頃の東ドイツの出版社が出した幻の絵本です。

AMADOU ALPINISTE

Alexis Peiry 作 Suzi Pilet 写真

主人公AMADOUがアルプスに挑戦したり、冒険にでかけたり、フランスの街や自然を背景に人形を巧みに撮影した1950〜60年代の写真絵本の人気シリーズ。

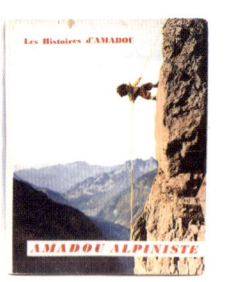

AMADOU musicien-détective

Alexis Peiry 作 Suzi Pilet 写真

絵本というよりストーリーがしっかり書かれた物語のシーンカットの写真のよう。

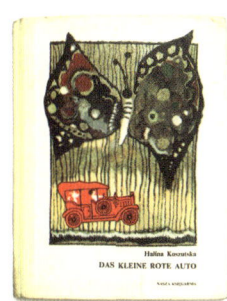

フランス・ベルギーのかわいい本 / P.060 ▶ P.061 / ルデュ / 絵本たち.

DAS KLEINE ROTE AUTO

Halina Wieclawska 作 Hanna Krajnik 絵

この本も共産圏時代の1960年代のポーランドの本。
当時の東ベルリンで出版されたドイツ語版です。切り絵の
コラージュの背景に手描きの絵が重ねられて、見たことの
ない不思議な世界がページのなかに拡がります。
チェコや東欧、ロシアで手づくりの独創的なアニメーショ
ンがつくられていた頃、絵本でもさまざまな作家たちが新
しい表現をさがしていたみたい。

ヨーロッパのあちこち
いまはない国 いろんな時代から
古本の村ルデュへと
見たこともない絵本たちが
旅してきます

主人公の男の子が愛犬と玩具の車にのって
森の奥へと旅していく物語。
リスのまわりの下地は和紙のちぎり絵のよう。

東ヨーロッパらしいデザイン
いろづかい。

フランス・ベルギーのかわいい本 / P.062 ▶ P.063 / ルデュ / 絵本たち.

MON PREMIER LAROUSSE
en couleurs

M.Fonteneau 作 S.Theureau 絵
1953年

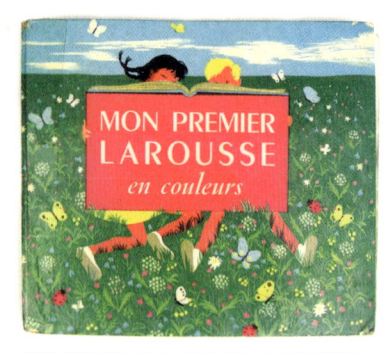

花咲く野原で女の子と男の子が本を広げる表紙の
すべてのことばに絵がある"カラー版"辞書絵本。
勉強のための教材だけど、絵をながめるだけでも
あとてもたのしい。フランス語が分からなくても
手元におきたい。

いろづかいやデザインから、1950年代のフランスの学校や子どもの
毎日の様子が浮かんできます。

辞書絵本のページにはエッフェル塔と

裏表紙の野原で遊ぶ男の子、あなたが手にしたこの本のどこかでまた会えますよ。

drap

Mon lit a deux **draps** : je me glisse entre mes **draps** quand je me couche.

drapeau

Le **drapeau** français est bleu, blanc, rouge.
Le **drapeau** flotte au vent.

dresser

Mon chien écoute; ses oreilles sont bien droites : il les **dresse**.
Mon oncle Émile a **dressé** son chien à garder le troupeau.

Verbe : *il dresse, il a dressé, il dressera, dressant.*

droit, droite

Voici des lignes **droites** :
Voici des lignes courbes :
Je me tiens bien **droit**.

« En regardant à **droite**, on voit la tour Eiffel. La voit-on en regardant à gauche? »

droit

« Avons-nous le **droit** de passer par ce chemin? Pouvons-nous le prendre?
— Oui, vous avez le **droit** de passer par là; vous pouvez prendre ce chemin. »

drôle

Les chatons font des culbutes; ils sont **drôles**, ils nous font rire.
Mon oncle nous a raconté une histoire bien **drôle** : c'était l'histoire d'un lapin qui a grimpé jusqu'à la lune !

dromadaire

Un **dromadaire** est un chameau à une bosse.

du

A quatre heures, je mange **du** pain et des confitures.
Maman est chargée quand elle revient **du** marché.

dur, dure

« Aimes-tu le pain **dur**? Moi, je préfère le pain tendre. »
Mon chien mange des os **durs** comme des pierres.
Les pierres sont **dures**; elles sont solides.
« Saurais-tu nommer dix choses très **dures**? »

duvet

Mon édredon est rempli de **duvet**; le **duvet** est fait de plumes si fines qu'on ne les voit presque pas.

モンマルトルをながめる人々。"かわいい本"の旅もそろそろパリへ出発です
さあ　ページをめくって

ふたたび 列車にのって
　　晴れた昼下がりのルクセンブルクでひとやすみ

乗り換えで訪れたルクセンブルクも
ちいさいけれどひとつの国。だから
この本のほんとうの名前は
「フランス・ベルギー・
ルクセンブルクのかわいい本」

フランス・ベルギーのかわいい本 / P.064 ▶ P.065 / パリ#1.

パリ#1 **Paris**

乗り換えた列車が東駅に着いたのは　セーヌに西陽の輝きがきらめく時刻

運河の橋を渡ると 白壁にうかんだ不思議なシルエット
その先に ルルさんのお店がありました。

パリの東駅を出て、サンマルタン運河の方角へ
通りの幼稚園の窓。ふんわり浮かんだ金魚のすがた。
水のいろの向こう。夕陽に浮かぶ子どもたち。

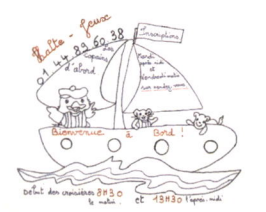

むかしのアルミを水きりをランプに。すてられていた額縁を重ねたり
がらくたとコラージュしてすてきな部屋のインテリアに変えてみたり。

手づくりのルルの店へ ▶ P.170
Rregardez! Cet article faire? la main.

一見、ブロカント古道具屋さんのよ
う。でも、入ると不思議なところ。
「自分の好きなものだけ。いろんな
時代のものをここ集めて、新しい命
を吹き込んであげるの」お店の奥の
自分の工房から、ルルさんは笑顔で
語ります。

ルルさんのお店の隣の壁の
"影男"はNemoさんという
作家が描いたもの。パリの
あちこちで突然、現れます。

フランス・ベルギーのかわいい本 / P.068 ▶ P.069 / パリ#1 /冒険.

それでは　地下鉄にのってパリの冒険にでかけましょう

1 オペラ座の駅の天井で踊るダンサーたち。
2 壁いっぱいにチューリップの贈りもの。
3 レストランの看板にもパリの秘密がひとつ。

（2.3の写真●ムッシュ徳岡）

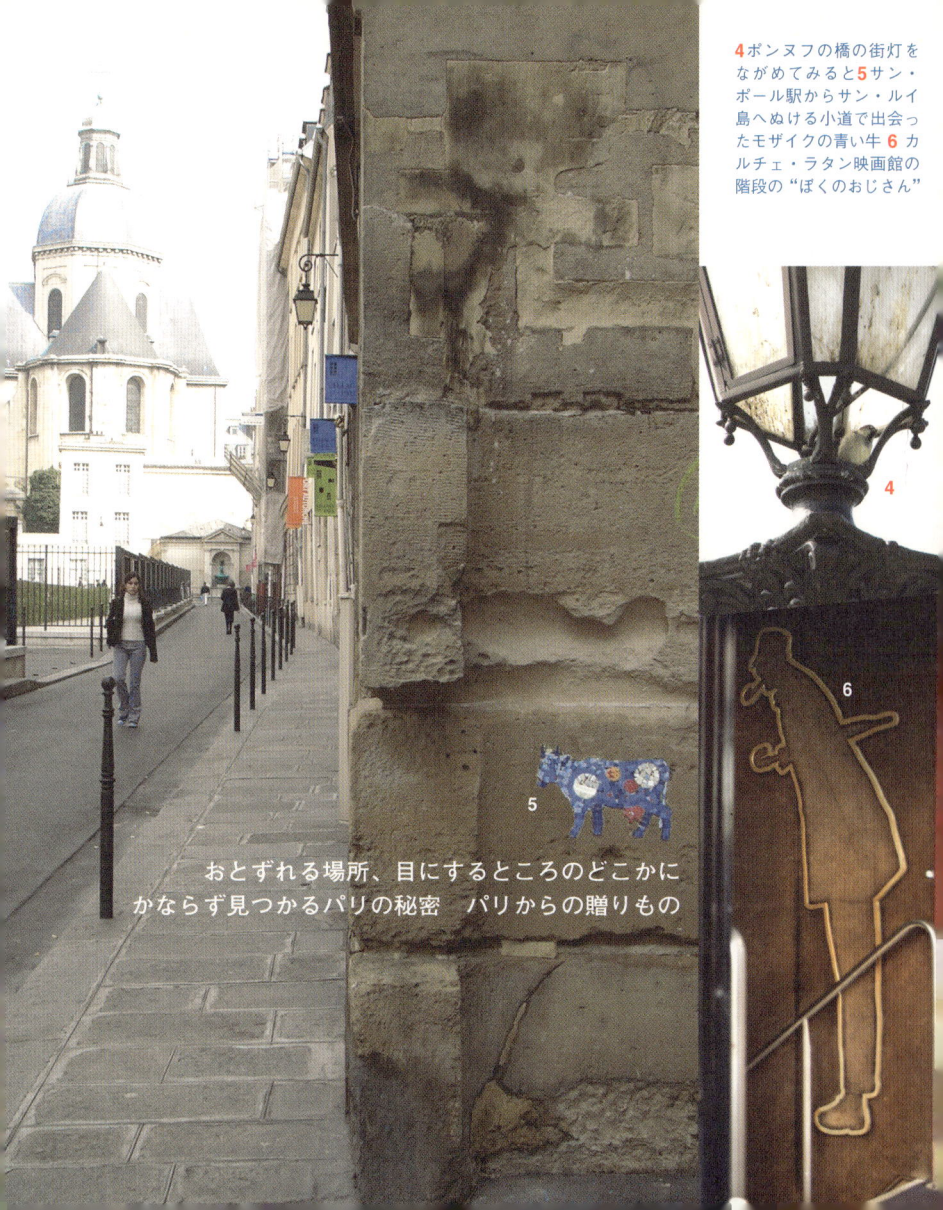

4 ポンヌフの橋の街灯をながめてみると 5 サン・ポール駅からサン・ルイ島へぬける小道で出会ったモザイクの青い牛 6 カルチェ・ラタン映画館の階段の"ぼくのおじさん"

おとずれる場所、目にするところのどこかにかならず見つかるパリの秘密　パリからの贈りもの

階段をのぼって
モンマルトルへ
空の鳥たちの
集まるところ
かならず
かわいいものと
出会えるところ

写真●ムッシュ徳岡

ボタンが いっぱい

Bienveunue!

手芸と洋裁店が集まるモンマルトル。マリアンヌさんの店TISSUS DAM ▶ **P.170**で、壁いっぱいの かわいい ボタン見つけました。

オートクチュール用の生地の隣のボタンの壁。

フランス・ベルギーのかわいい本 / P.072 ▶ P.073 / パリ#1 / モンマルトル.

モンマルトルの通りや路地のあちこちに現れるアトリエ 洋裁店。手芸用品。かわいい古着や雑貨のお店たち。

坂道をくだった、ほんとは卸し専門のお店の棚で
半世紀前のビンテージの陶製の花のボタンを見つけました。
お願いして購入。
でも「どこのお店かないしょにしてね」ということ。

フランス・ベルギーのかわいい本 / P.074 ▶ P.075 / パリ#1/お菓子

1

そろそろ カフェでひとやすみ
De ces gâteaux lequel préférez-vous?

パリの冒険と散歩の途中のたのしみはカフェの時間。もちろんお菓子もどうぞ。サロン・ド・テやパティスリーのお店もいろいろ。マレの人気のお店は、もちろんすてき。でも、住宅街の角のパン屋さん、ブランジュリーの奥にもおいしいお菓子と心地よいパリの時間がありますよ。

＊このページのお菓子の説明は次のページへどうぞ

1 エッフェル塔のそばの住宅街のサロン・ド・テ（喫茶店）「レ・ドゥ・ザベイユ」のテーブル。バラの壁紙が田舎の家のよう。ここのスコーンは住人に人気 **2** 6区のパサージュのカフェで出会ったチョコのタルト。クルミがさくさく **3** 7区の住宅街の「レ・ニュイ・デ・テ」のフロマージュブランのタルト。真っ白なメレンゲがきれい **4** ルーブル美術館の隣の老舗カフェのスペシャリテは"春の雪"という名前 **5** サン・ルイ島のチョコと人形劇のお店のマダムの手づくりレモンのタルト。このお店のことは P.144でもごしょうかい **6** チョコがじっくりしっとりフォンダン・ショコラ。パリのおいしさ、ボリューム感 **7.11** ノートルダムのフランス風？のイギリス菓子のサロン・ド・テ「ザ・ティ・キャディ」はパイがおすすめ **8** カフェのテーブルにはできたてのお菓子が次々と **9** ブランジュリーのショーケースにならぶタルト、ミルフィーユ **10** 食事の後にいただくプチフルールたち。かわいい一口サイズ **12** 繊細な飴細工の飾りがいかにもパリのお菓子 **13** 18区の庶民の街のお店のウィンドのパッションフルーツのタルト。南国の味？ **14** マレ地区の人気のカフェで **15** エクレアもフランス菓子の定番です

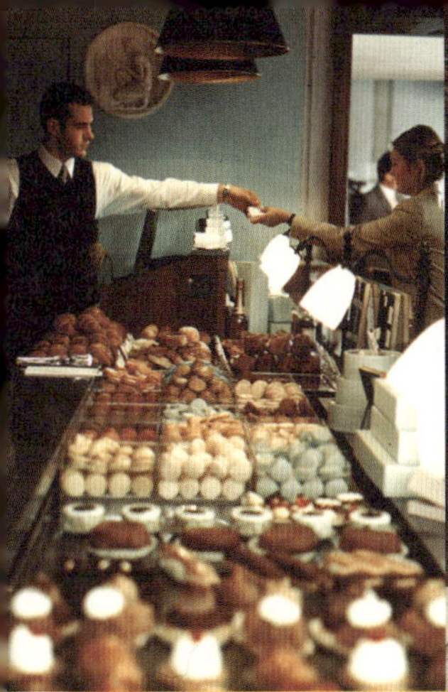

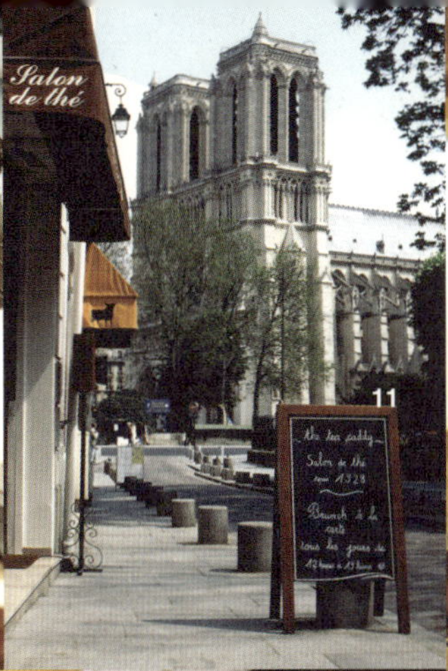

11

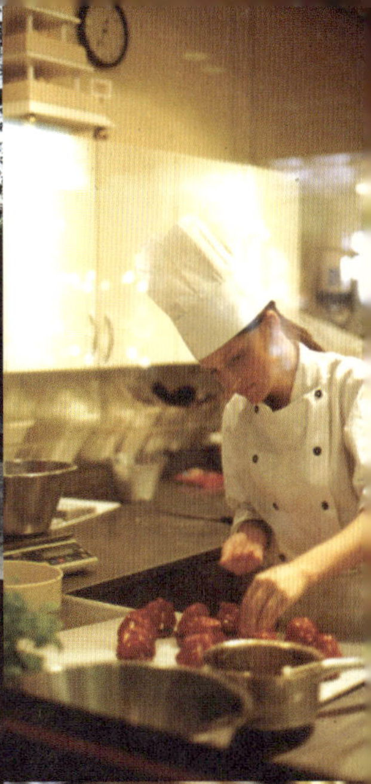

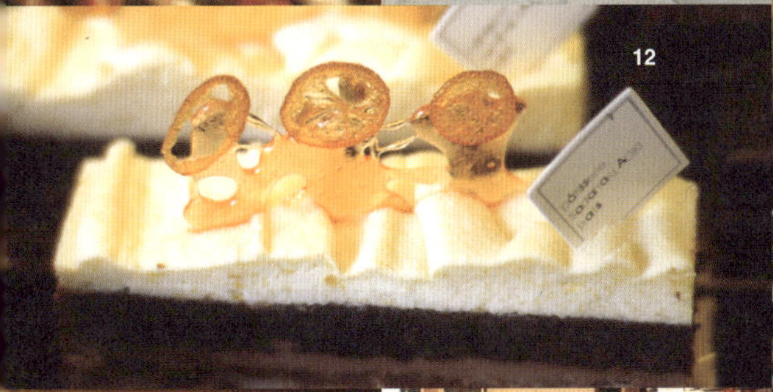
12

13

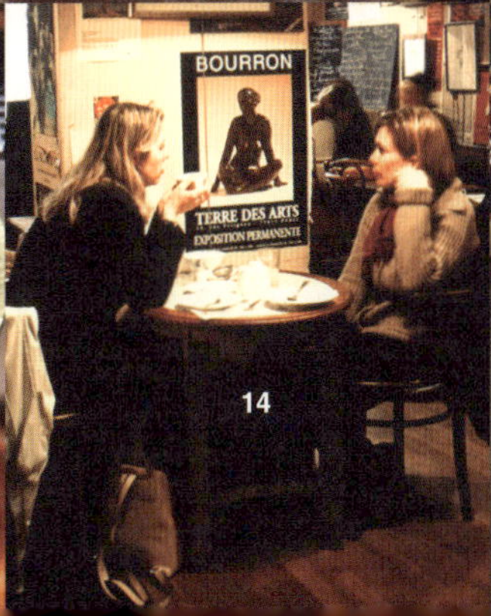

14

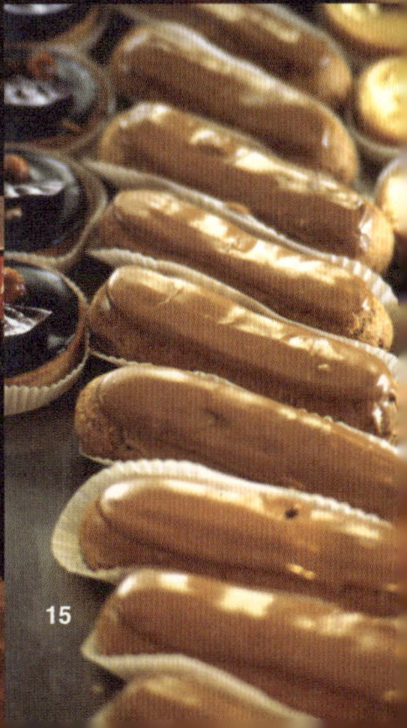
15

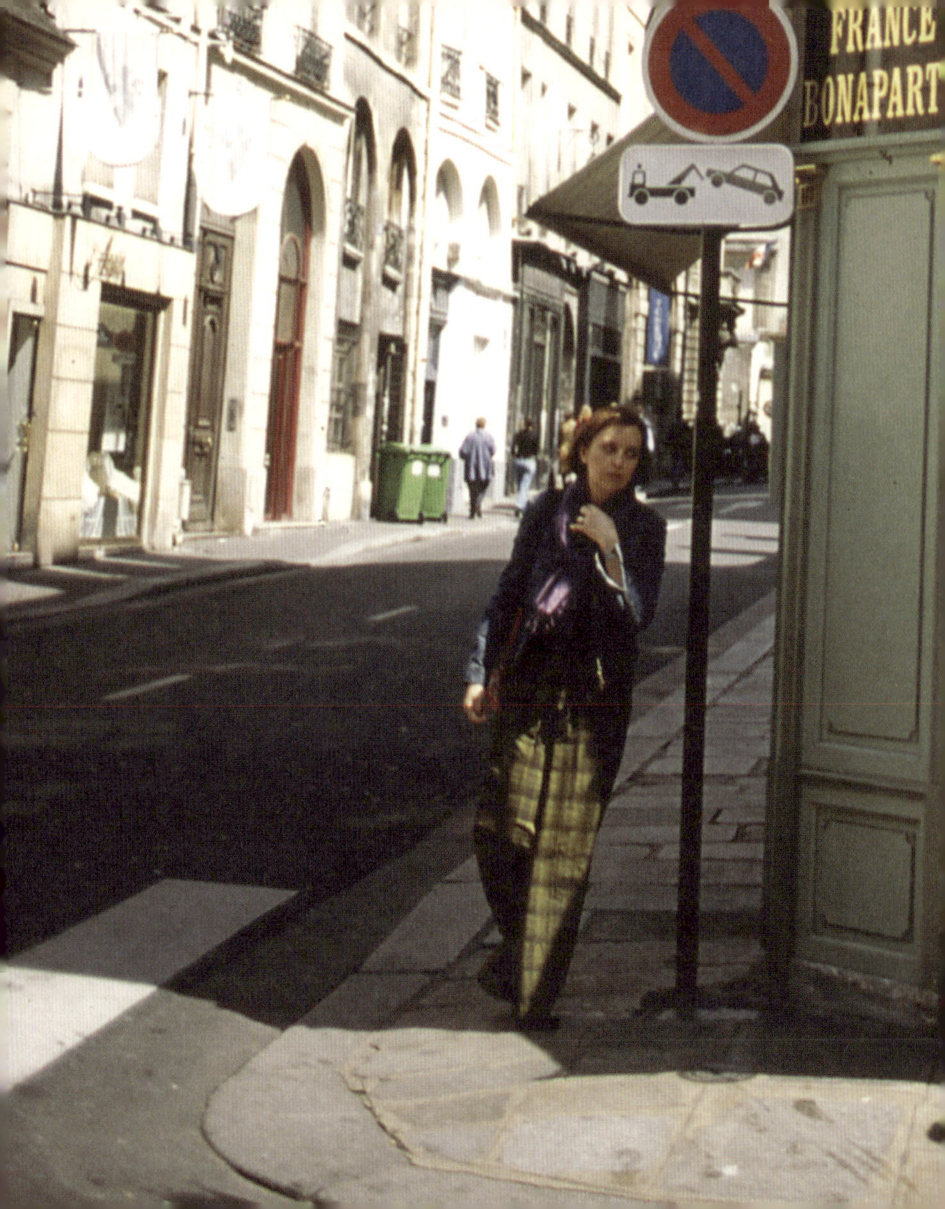
FRANCE
BONAPART

フランス・ベルギーのかわいい本 / P.078 ▶ P.079 / パリ#1/ お菓子.

パリ左岸のボナパルト通り。お菓子の老舗「ラデュレ」のきれいな箱とリボンがウィンドーにならぶ。

1

4

Moelleux
Au chocolat

2

5

3

11 parfums
de Macarons

thé
vert

Caramel

Sésame
Noir

Framboise

Chocolat

6

フランスとベルギーのかわいい本 / P.080 ▶ P.081 / パリ#1/ バレリーナ.

1 老舗「ラデュレ」のきれいな小箱かわいいかたち **2** さくさく大きなメレンゲ **3**「ラデュレ」のサバラン。おいしそう **4** チェーンカフェのお菓子もすてがたい **5** 6区の老舗パティスリー「ジュラール・ミュロ」のフルーツの砂糖漬が入ったむかしながらのパウンドケーキ **6** やっぱりマカロン **7** 箱に入れてもらっておみやげに

カフェでもお家でも、公園でも、いただきます。

Allons aux bouquinistes　あれれ。ふたたび、この公園へ

お菓子屋さんをさがしておとずれた15区の通り、その先には見たことのある公園の景色。今日は日曜日。あの日と同じように、今日も"ジョルジュ・ブラッサンス公園の古本市" ▶ **P.168** が開かれています。

鳩を飼う男の子の写真絵本。
これは……子どもたちの、寄せ書きかな？

今日も
お客さんは
ぽつりぽつり。
図書館で
本を読むように
一冊一冊
のぞいていくと……

ちいさな本を開くと、四葉のクローバーが……

フランス・ベルギーのかわいい本 / P.082 ▶ P.083 / パリ＃1/ バレリーナ．

古雑誌のページのなかから現れたバレリーナ、セピアいろのバレエの舞姫たち

418. In 1930.

ジョルジュ・ブラッサンス
公園の古本市で見つけた
戦争前の古雑誌、そのなかの
ページにスクラップされてた
ダンサーやバレエの舞台写真。
かぶされたグラシン紙を
めくってみると一枚一枚、
インクかパステルで
手描きで彩色されています。
「むかしのポストカードの
版下かな？」
さっきまで、読書をしていた
店番のおじさんも興味津々。

Plate 12. 'CIMAROSIANA': (DIAGHILEV) 1926

325. LE BAL. ALEXANDRA DANILOVA ET ANTON DOLINE

TAMARA TOUMANOVA
in *Le Spectre de la Rose*

Lifar and Danilova in APOLLON MUSAGÈTE

フランス・ベルギーのかわいい本 / P.086 ▶ P.087 / パリ#1 / バレリーナ.

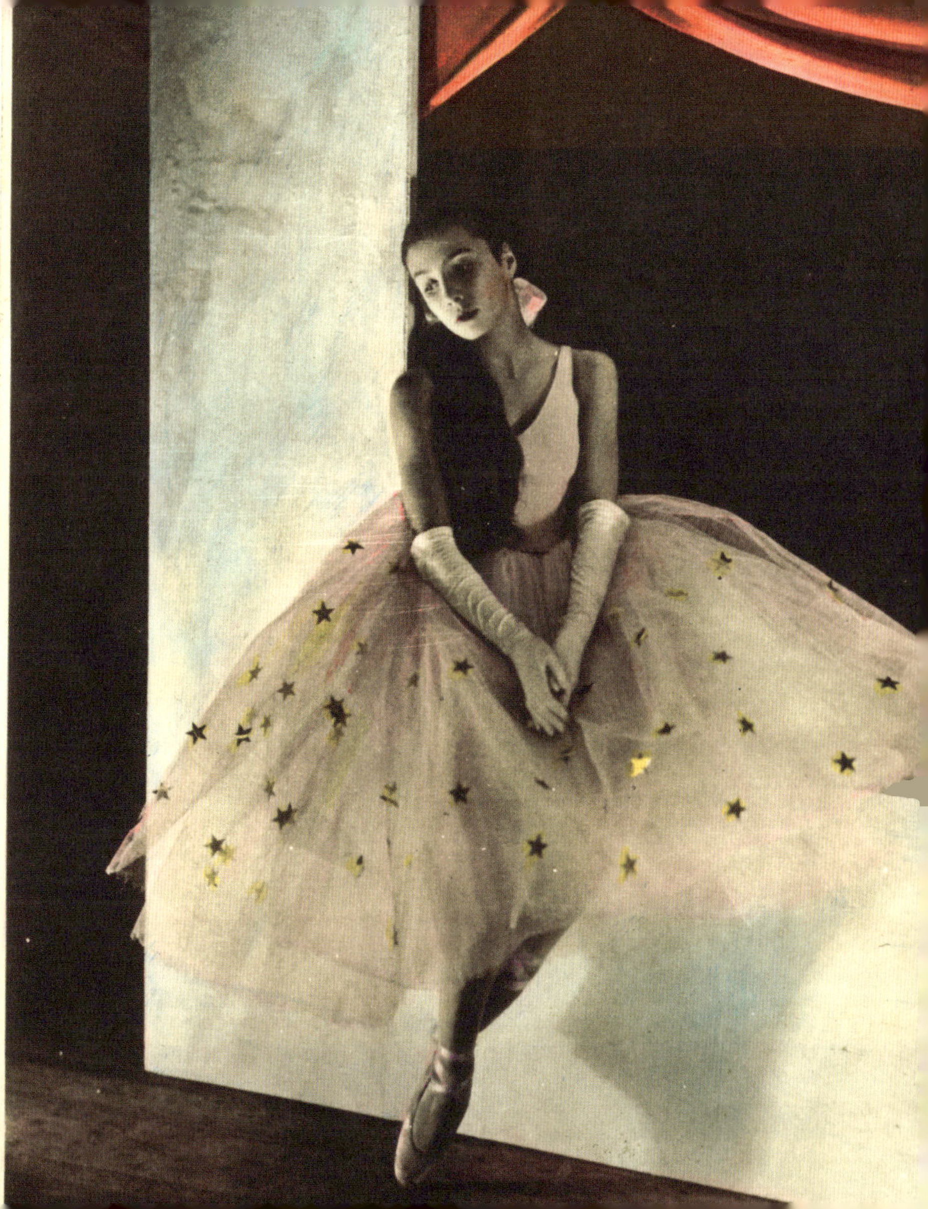

Photograph by Houston Rogers
Alicia Markova with Anton Dolin

LYDIA LOPOKOVA

「知ってる。むかしのロシアバレエ団の
バレリーナ。でもほんとはフランス人」
集まってきた人のひとりのおばさんは
1枚の写真を手に取りうなずきます。

PETER THE BLACK CAT

LYDIA LOPOKOVA

Costume from "CARNAVAL."

M. Michel FOKINE, directeur chorégraphique des Ballets Russes, et Mme Vera FOKINA

dans
"LE CARNAVAL"

もしかしたら世界で1枚だけの宝物。
とじた雑誌といっしょに地球の反対側。わたしの部屋の紙ものコレクションに。

フランス・ベルギーのかわいい本 / P.090 ▶ P.091 / パリ#1/ バレリーナ.

パッサージュの
向こうには

J'ai trouvé un livre
"le Petit Chaperon rouge"

「かわいい紙ものをさがしているならパッサージュにあるかも」古雑誌を買ったお店のおじさんはそういいます。パッサージュとは、通りをガラス屋根で覆ったアーケード商店街のこと。

おじさんがパリでいちばん美しいパッサージュといったギャルリー・ヴェロ・ドダ。むかしのままの活版のカードのお店。ビスクドールのお店には、女優のカトリーヌ・ドヌーブもやってくるそう。

1 モンマルトル大通り沿いのパッサージュ・ジュフロワの入口にはろう人形の博物館。奥にはカードやコミック、映画のパンフレッドやポスターの専門店も **2** ここにはかわいい"ホテル・ショパン"もあります **3** むかしのかわいい恋人たち **4** クリニャンクールの蚤の市 ▶P.167 には、アンティークのお店ばかりの大きなパッサージュが。そのひとつDauphineには、手芸パーツやむかしの紙もの専門店も。

ちいさなパッサージュを
ぬけて、パリのちいさな
通りをぶらぶら、本屋さ
ん"リブレリー・レスカ
リエ"を見つけました。
▶ **P.169**
ウィンドの向こうには、
かわいい絵本ときれいな
店員の女の子。

フランス・ベルギーのかわいい本 / P.094 ▶ P.095 / パリ＃1/パッサージュ．

本屋さんの棚にはいまの赤ずきんちゃんの絵本が何冊も。でも、どこかむかしの「赤ずきん」とはちがいます。

Quel Cafouillage!

いたずらな赤ずきんちゃんは、街や学校を舞台に
あっちにいったり。こっちにいったり。
狼も先生だったり。黒ずきんや緑ずきんちゃん
黄ずきんちゃんがいたり。
シャルル・ペローやグリムが見たら
どう思うかな？

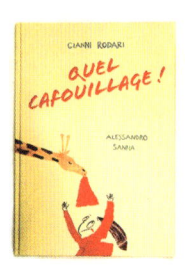

狼なんか怖くない！

むかしから いまへ すがたを変えて 歩いていく赤ずきんちゃん。どんな森に進むのか 次の

Marlaguette

フラマリオン社がむかしから
出版してる絵本シリーズの1冊。
ある日、森で狼にさらわれて
しまったマルラゲットちゃん。
ところがまぬけな狼が自分の
巣穴に頭をぶつけてしまって
逆に看病されることに……

Je commençais à avoir vraiment très froid et je regrettais d'[être] parti sans manteau. Tout à coup, j'en vis un. Il était beau et chaud, mais à peine l'avais-je enfilé que la peur me gagna[it]. Je sentis que j'étais suivi. Je me souvins de l'histoire du méchant loup que Mamie me racontait souvent. Je me m[is] à courir sans réfléchir, je courus sans savoir où j'allais, m'enfonçant de plus en plus profondément dans la forêt. J'étais perdu. Où se trouvait la maison de Mamie ?

Dans la foret profonde

ページをめくってみると

赤ずきんちゃん。
というより、赤ずきんくん。
というより、赤コートくん。
静かな森を進んでいくと、
これからどんな狼と
出会うのかな？

Ile de France
Loire
Bourgogne

パリからリヨンへ
途中下車の町と村

赤ずきんちゃんを追いかけて
フランスの森へ
パリの街を飛び出して
野原や畑、川をこえて

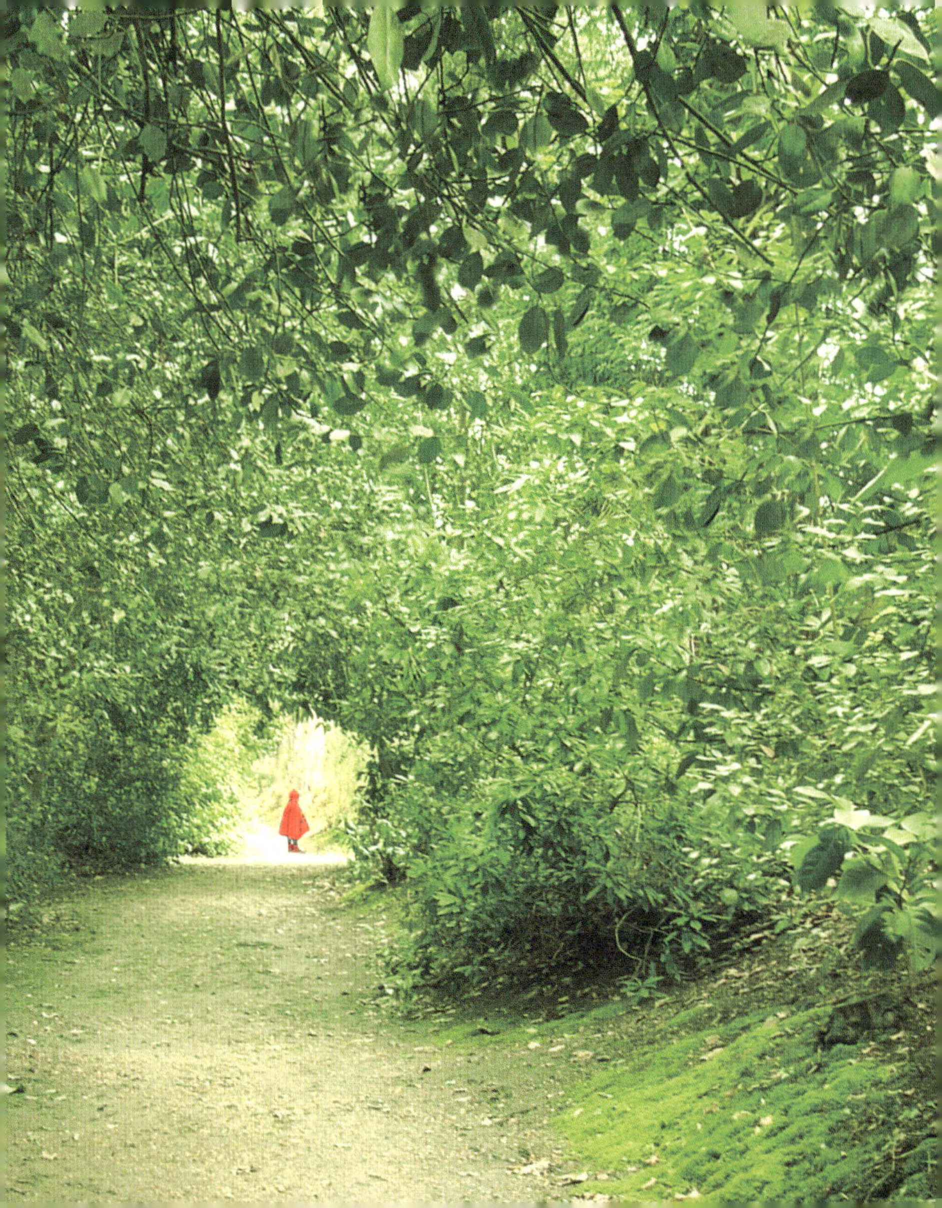

フランス・ベルギーのかわいい本 / P.098 ▶ P.099 / 途中下車の町と村/ 赤ずきんの森とお城.

長靴猫もお待ちかね
Une chambré la chateau dans la forêt

ルデュの古本屋、パリのパッサージュの向こうのでみつけた絵本のなかの赤ずきんの森のひとつが、パリの街から列車と車でに1時間ちょっとの、意外に近くにありました。そこはブルトイユ城 ▶ P.168 の森。でも、お城の入口に貼られたポスターを見ると、あれあれ？ 赤ずきんちゃんならぬ長靴をはいた猫の貴族のようなすがたがお待ちかね。

「赤ずきんも、ロバの皮をまとった王女さまもいます」
お城の入口の案内所のおばさんは、日本語版のパンフレッドをくれました。それを手に宮殿のような庭園をぬけていくと、森の入口のちいさな家のなか、確かに赤ずきんちゃんが。

LE CHATEAU DE BRETEUIL

Editions du COMITÉ DÉPARTEMENTAL DU TOURISME DES YVELINES

それでは お城のなかものぞいてみると

le chat botté

chat botté
station-service

厨房の長靴猫。いっしょにならんだうさぎ、スワンや
アーティチョーク？の陶器が気になります。

フランス・ベルギーのかわいい本 / P.100 ▶ P.101 / 途中下車の町と村 / 赤ずきんの森とお城.

5

眠りの森の美女は
お城のなかでいつまでも
眠ったまま。

1 "長靴猫"のコーナー。物語の各シーンがジオラマで再現されていますが猫が少々リアルすぎ？ 2 こっちの方が"長靴をはいた猫"という感じ。手前のイースターエッグもかわいい 3 シャルル・ペローの童話で知られるキャラクターは、フランスでは赤ずきんちゃんよりポピュラー。いろんなところで出会います 4 これは何のお話だろう？

宮殿のようなお城の隣の
鳩舎は中世の建物を再現
したもの。こちらの方が
モダンですてき。

8

この森のほんとうの住人は 鳥たち

フランス・ベルギーのかわいい本 / P.102 ▶ P.103 / 途中下車の町と村/ 赤ずきんの森とお城.

訪れる人々の声に耳をすませる動物たち

ブルトイユ城の水をぬかれた掘で
草をかむ白い鹿の親子。
ほんとは、森を駈けて遊びたそう。

森を出て 人のくらしのある場所 子どもたちの声が広場に響く村へ

訪れた村はミイ・ラ・フォレ。"森のミイ"という名前。

1 村のまんなかの広場には何十年もむかしに森の木でつくられたマルシェの屋根になるアーケードが **2** コクトーと愛人が眠るちいさな礼拝堂 **3** 村のあちこちをめぐると、森と野原のモチーフが **4** 広場に面した店の雑貨にも森からの贈りもののかたちが **5** 礼拝堂に残された詩人の軌跡 。

あれあれ？この猫は？？

ここは
森との 境界の村

Une ville au cœur de la forêt

詩人のジャン・コクトーが眠る村として以前、礼拝堂を訪れたことのあるミイ・ラ・フォレ。村のあちこち、住人たちのくらす場所をめぐってみると。

白ワインで知られるサンセールに近い
田舎の駅で列車から車にのりかえ丘を
こえておとずれたちいさな町。
まるで時間が止まっているみたい。
壁にかけられた森からの贈りもの。
小鳥たちのためのちいさな青い家。
進んでいけば、すてきなものときっと
出会える予感がします。

取材協力●角野恵子

田舎の町の すてきなお店

Regarde!

ちいさな丘がいくつもつづくロワールのはずれ、人声もまばらな町にこのお店がありました。

1 お店の窓からいつでも空を見つめてる **2** むかしの新聞広告の切抜きをならべてみると **3** 50年前に時間旅行して訪れたようフランスらしいかわいいお店

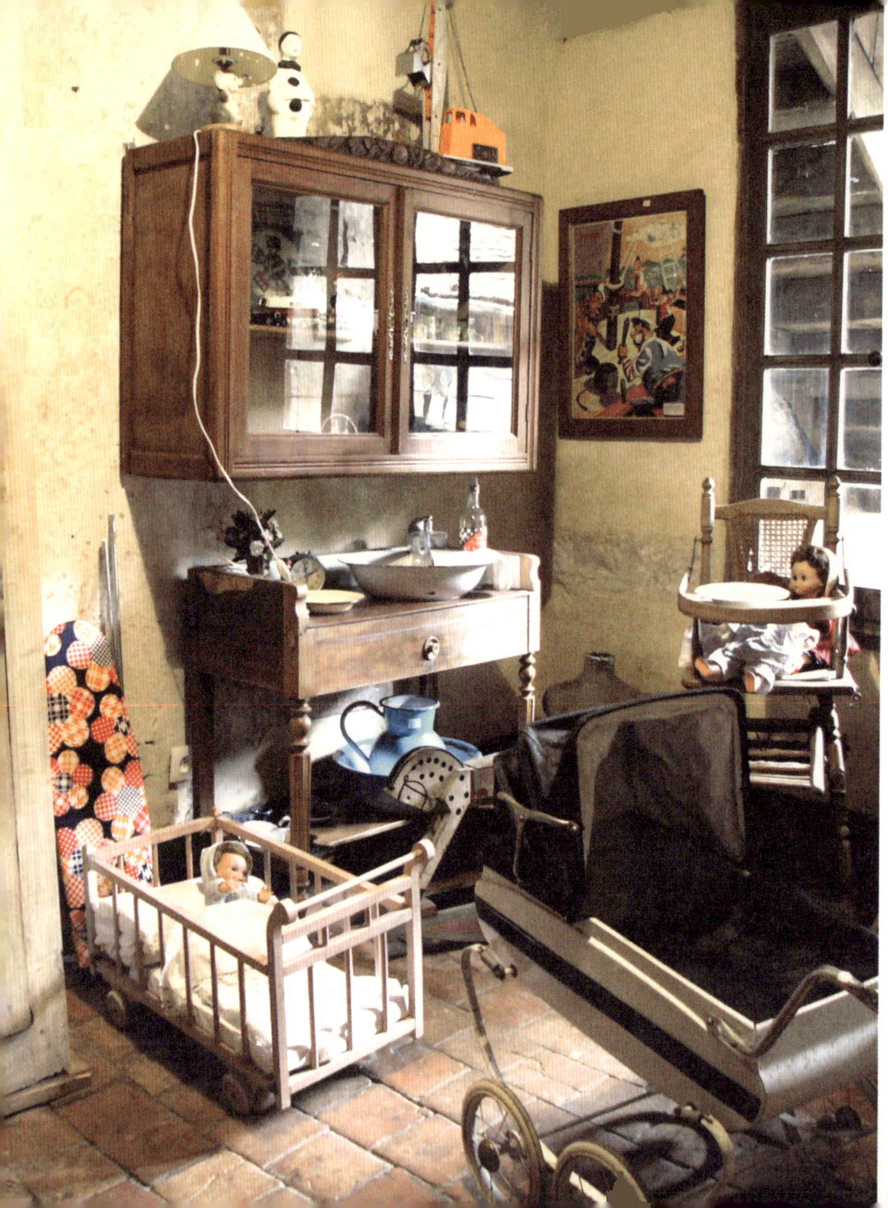

ドアをあけるとふつうの田舎のお店のよう。
でも、奥の納屋のような建物、中庭へとお店の
空間がずっと迷路のように広がっています。
アンティーク、ブロカント、古道具、がらくた
いろんなものがあちこちの部屋や通路に。
なんだか、見たこともない不思議なお店で
でも、なんだかわくわく、すてきなものさがし。
フラン表示のままの値段もあちこちに。
でも、とっても格安！

まるで食料品店のテーブルのようだけど、はかりもビンも全部売りもの。むかしのもの。上の写真の掛時計を買いました。

フランスいろの空をのぞむ高台、かわいいベンチのとなりの地面、まるで風景の一部のように現代美術の
石の彫刻作品が置かれていました。
どこまでがいつもの風景、どこからが創作の作品かわからない。
でも、とてもきれいなこの場所で、ちょっとひとやすみ。

フランスの田舎の旅の途中
"EXPO"の看板にさそわれて
きれいなお城にのぼってみると

写真●岡田有加

高台から見えるあの迷路みたいなものも、現代美術の作品？
それとも、むかしからの庭園？？

5

フランス・ベルギーのかわいい本 / **P.112** ▶ **P.113** / 途中下車の町と村 / ふくろうくん

1 駅からでて、鋪道のうえで最初に見つけたふくろうくん
2 ブルゴーニュ公国の繁栄の面影を残す旧市街。いまは、おみやげ屋さん **3** ノートルダム教会。反対からみるとパリの寺院と似ています **4** 教会の壁に"幸福のふくろう"を発見。みんなになでられて、すっかりつるつる **5** 広場の移動遊園地の回転木馬。ベルエポック時代の少女のような2人

どこかで会ったことのある ふくろうくん

Tiens! La chouette!

車窓に現れたゴシックの教会のきれいなかたちにさそわれて、ディジョンの駅で途中下車。インフォメーションできいた"幸福のふくろう"を見つけに、町へと進んでいくと足下のあちこちにもふくろうのすがたが現れます。でも、いつか、どこかで会った気がする。あ！　そうだ。子どものころ見た日本のアニメに出てきたあの鳥。

ふたたび列車にのって 南へ
左手に ソーヌ川が見えてきました

フランスとベルギーのかわいい本 / **P.114** ▶ **P.115** / 途中下車の町と村．

行く手には アルプスの風の気配　南の国の太陽の予感

Lyon リヨン

街の丘からははるかにアルプスの山なみ
パリよりもフランスらしいものがみつかる週末の運河の市で見つけた
かわいいもの すてきなこと

フルヴィエールの丘の真下はリヨンの街。合流した2つの川は、地中海へと注ぐ。

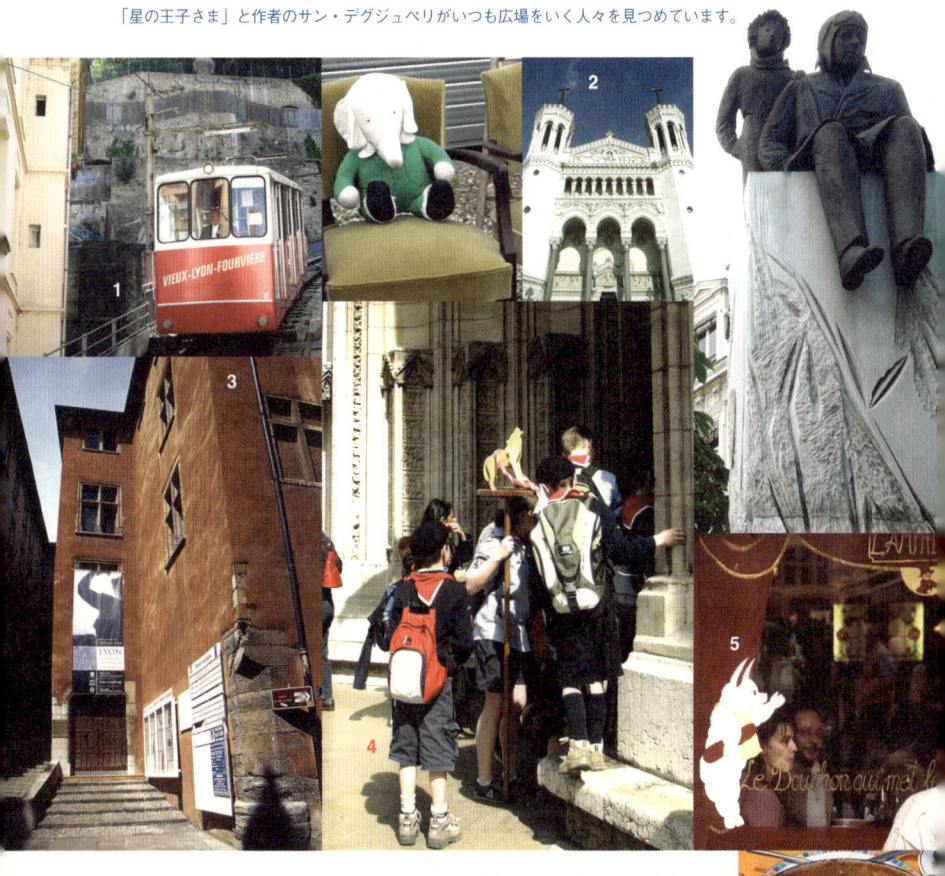

フランス・ベルギーのかわいい本 / P.116 ▶ P.117 / リヨン.

「星の王子さま」と作者のサン・デグジュベリがいつも広場をいく人々を見つめています。

1 旧市街からケーブルカーにのれば、すぐに丘の上 **2** 丘にすくりと立つ大聖堂。夜はライトアップしてとてもきれい **3** 丘の真下がイタリア・ルネサンス様式の建物がならぶ旧市街。世界遺産です **4** 旧市街の中心サン・ジャン大司教教会の入口で元気いっぱいのボーイスカウトの子どもたち **5** "美食の街"リヨンのキャラクターは、おいしそうな？ ぶたくん **6** 名物料理のクネルをいただきます。魚のすり身をゆでてスフレに焼いたもの

旧市街のギャラリーにはカトリーヌ・ドヌーブの映画『Peau d'ane』の日本版ポスター。P.98の人形と比べてごらん。

リヨンでくらす
絵本作家のChiakiさんに
会いました

新市街のChiakiさんと御主人がくらす
部屋のあちこちには、フランスで
見つけたすてきなものが。

「フランスで絵の勉強がしたい。絵本作家になりたい」
日本を離れてから数年、夢をかなえいまはリヨンでくらす
Chiakiさん。「フランスの絵本は、スタイルが自由で個性的
でいろがきれい。だからこれからもこの国で絵本をつくっ
ていきたい。いつまでも夢見る少女のような気持で……」

Chiakiさんの部屋の壁に集められた　リヨンの街とフランスのかわいいもの

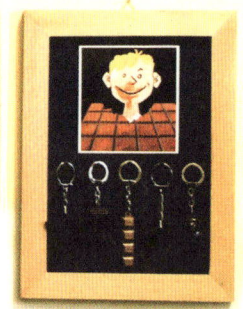

お菓子をテーマにコレクションした
アンティークのキーホルダーたち。

棚の奥ものぞいてごらん。
ちいさくてかわいいもの。きれいなもの。

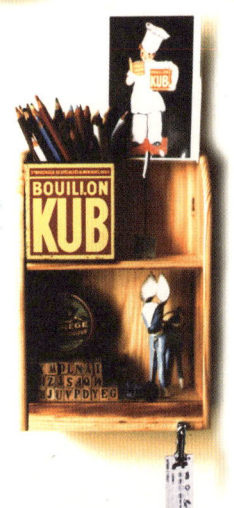

フランス・ベルギーのかわいい本 / P.120 ▶ P.121 / リヨン/Chiakiさんと運河の市.

週末の運河の市がおすすめです

Moins cher?

フランスのかわいいものをさがしに、この街にきたことを伝えると「それなら、週末の運河の蚤の市 ▶ P.167 がおすすめです」とChiakiさんは、教えてくれました。部屋にかかったアンティークのキーホルダーの多くも"運河の市"で集めたもの。パリでもなかなかさがせなくなったものも業者と近郊の住人が中心の蚤の市だから、まだまだ、見つかるみたい。場所は、街の中心から地下鉄とバスで30分位の運河の隣。さあ、出かけてみましょう。

毎週末に開催です。晴れた日なら地面に無雑作に。
掘出物も見つかりそう。

国境が近いスイスやイタリア、隣のスペイン、その先の国からいろんなものが集まるリヨンの運河の市。
パリやヨーロッパの買付業者が集まりあちこち商談中。どうやら、いいものが格安で見つかる予感。ひろい会場だからトラックやコンテナを置いて、家具や馬車までそのまま世界じゅうに運んでいくそう。

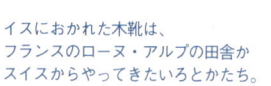

イスにおかれた木靴は、フランスのローヌ・アルプの田舎かスイスからやってきたいろとかたち。

それでは 次のページから
リヨンとパリとあの国この街で見つけた
フランスのアンティーク かわいいものをごしょうかい

フランス・ベルギーのかわいい本 / P.122 ▶ P.123 / リヨン / かわいいアンティークと雑貨たち．

最初は カメオと
そのかたちのかわいいもの

1 カメオと同じだ円のかたちの20世紀始めの真鍮のフレーム。なかの女の子の写真も最初からいっしょ **2** パリのクリニャンクールで見つけた20世紀初めのアンティーク **3** 銀とパールで飾ったペンダントヘッド **4** べっ甲でできたロケットです **5** ガーネットのふちどりがきれい **6** リモージュの陶製です **7** アール・ヌーボー風の真鍮細工、カメオの絵柄もすてき **8** 象牙細工のブローチ。おそらくナポレオン3世のころのものだそう

ページを
めくると まるくて
かわいいもの

フランス・ベルギーのかわいい本 / P.124 ▶ P.125 / リヨン / かわいいアンティークと雑貨たち.

水色の小花がかわいいブローチリング。
20世紀の初めのもの。

ガーネットでハートのかたちを描いて
リモージュをベースにパールで飾って。

七宝焼のきれいなブルー
パリ万国博前後のもの。

開くとミラーのペンダントヘッド。猫の瞳に緑の石が。

白いエナメルの小花には、きれいな石を
アレンジしています。

貴婦人のための
ちいさな懐中時計。

水滴のドロップ型とバロック風のブローチ
ベルエポック時代のアクセサリー。

箱のふたの部分のガラスには細密な絵が描かれています。

三つ葉のクローバーが
ならぶきれいなかたち。

ブルボン王朝の
ユリの紋章をブローチに。

鮮やかなトルコ石でつくられた
ハートのブローチ。1889年のもの。

そして
フランスでうまれた
アールヌーボーのいろとかたち

天使のような
絵が描かれた金の
ペンダントヘッド。

よく見ると天使に幸せを運ぶ
青い鳥が描かれています。

リモージュ焼の香水入れ。

19世紀後半に流行した
パラソルのかたち。

自然と生物のかたちから
イメージをふくらませた
アールヌーボーの
金のアクセサリー。

貝細工でつくられた花弁がきれいな19世紀末のペンダントヘッド。

リール　パリ　リヨン　フランスの蚤の市をめぐって見つけたもの

1 ベルエポックのころの手芸用品のケース。カメオも飾りに **2** 買物のメモが残されたシルクのカバーの手帖には1850年代の日付が **3** ナポレオン時代の扇子は中国趣味の影響 **4** 象牙の小物入れは18世紀末の上流階級の劇場での必需品 **5** ほうろうの手法でつくられている19世紀の白粉入れ、手描きの絵が美しい **6** ガラスと金属の小物入れ。パリ万博の当時のもの **7** 象牙細工に絵を描いた小物入れ。ナポレオン3世の時代のもの。

フランス・ベルギーのかわいい本 / P.126 ▶ P.127 / リヨン / かわいいアンティークと雑貨たち.

フランスのいろを写した アンティークのガラスたち

8 アールヌーボーの手彩色の水入れ。あやめの絵は日本の影響？ **9** ベルエポックの時代の香水ビン。よく見ると天使のかわいい金の印が **10** 青いいろがきれい。1930年代 **11** アールヌーボーのいろとかたちをつくったルネ・ラリックの工房の香水ビンたち **12** スミレの花ビン。アールヌーボーの名品 **13** こちらはスズラン。いろは手描きでのせています。

プロヴァンスのマーケットで見つけた不思議な器。
大きな貝を下地にいろガラスやいろんな時代のアクセサリー
企業のノベルティのようなものまで埋め込まれています。
たぶん作家もの。

フランス・ベルギーのかわいい本 / P.128 ▶ P.129 / リヨン / かわいいアンティークと雑貨たち.

そして 運河の市の路上に ごろごろ置かれていた
こんなもの あんなもの

庭の小鳥のための
かわいい鳥の家
ベランダ付きです。

南フランスの田舎の家の壁に
よく架けられている鳥たちの大きなかご。

木の枝を組んだお店のためのメニュー台。かな？
アルザス風？？

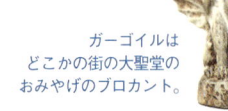

子ども部屋のほうろうのプレート
1930年代のもの。

ガーゴイルは
どこかの街の大聖堂の
おみやげのブロカント。

フランスのあちこちで見かけるリスの看板。たぶん銀行（保険会社？）のもの。
でも、売っても大丈夫？

マーケットで見つけたもので
部屋を飾ってみると

パリのヴァンブの市のそばに住む女の子の部屋。**1** 見つかるごとに集めた古い葉巻きの箱は、壁に横に重ねて収納をかねたインテリアに **2** アンティークレースは家具のふちどりやディテールの飾りにそのままボンドで接着 **3** 窓辺やベランダの外光のさすところにはいろのきれいなガラスびんをならべてみたり **4** 一部が破損したり、部分だけの装飾金具や家具のかざりのパーツを、オブジェのように部屋に重ねてインテリアにしてみたり。

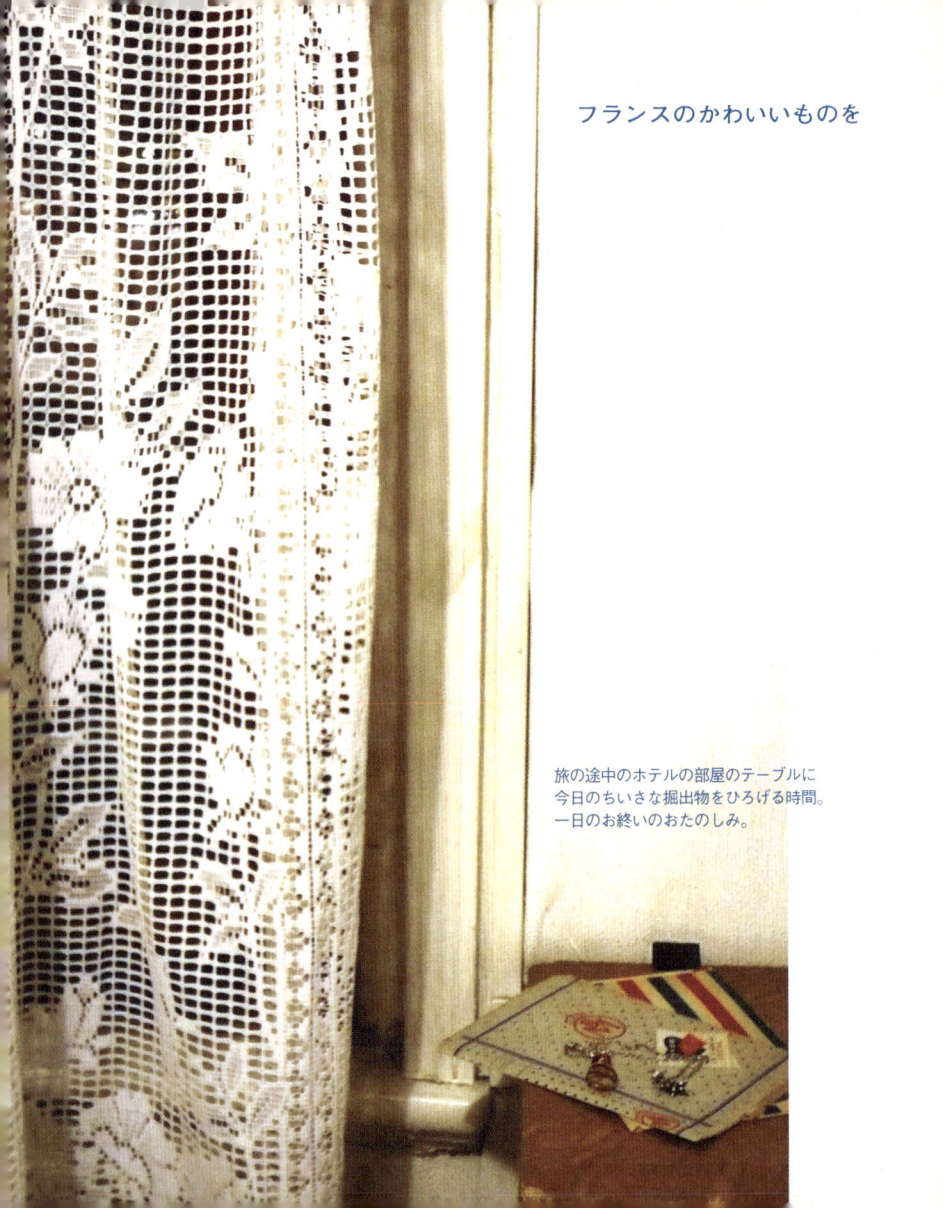

フランスのかわいいものを

旅の途中のホテルの部屋のテーブルに
今日のちいさな掘出物をひろげる時間。
一日のお終いのおたのしみ。

めぐる旅で ポケットの小銭でかったブロカント
ちいさな雑貨たち

ブリュッセルのジュー・ド・バルの市で格安で
見つけたカトリック教会のちいさなメダイたち。
むかしのピューター（錫）のものより40〜50年
位前のアルミのものが軽くてかわいくておすすめ。
アクセサリーの手づくりパーツにぴったり。

1 子ども向のチャームがついたブレスレット。ちゃんとスターリングシルバーです **2** ブックカバーは、古本市のすみで見つけた掘出物 **3** 19世紀のデコパージュのカード **4** パリの文房具屋さんで見つけたいろんなペン先。友だちひとりひとりの面影を浮かべながらひとつひとつをおみやげに

フランス・ベルギーのかわいい本 / P.132 ▶ P.133 / リヨン / かわいいアンティークと雑貨たち.

旧市街にはゴブラン織のおみやげの店がならぶリヨン。運河の市にも、もとはおみやげ用につくられて時をへてブロカントのに仲間入りしたものが見つかります。でもこっちの方がいろあいがすてき。

パリのクリニャンクールの露店で見つけた貝細工のボタンたち。指さす手やくし？などたのしいかたち。
ハンドメイドの素材にも使えそう。

これも運河の市で見つけたもの。手刺しゅうがかわいい。
路上の段ボールの底から見つけた格安品。

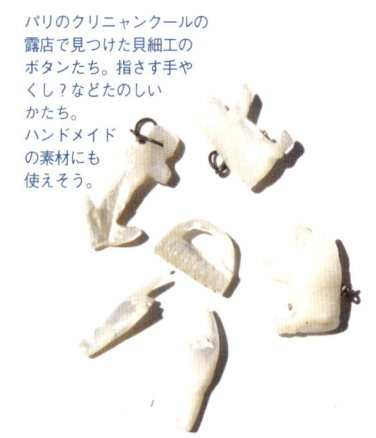

ヴァンブの市で見つけたアンティークのボタンたち

パリのヴァンブの市で木箱に露店のおばさんのお気にいりのボタンが
いっぱいつめて売られていたもの。ボタンひとつの値段は決まっていた
けど箱ごとまとめて買ったら、とても安く手にはいりました。
ひとつひとつのボタンはいろんな素材。たぶんいろんな時代のもの。
ホテルの部屋でじっくりチェック。木箱もとてもかわいい掘出物。

フランス・ベルギーのかわいい本 / **P.134** ▶ **P.135** / リヨン/ かわいいアンティークと雑貨たち.

クリスチャン・ディオールのアンティークドレス
パリのパッサージュで見つけた1950年前後のもの。
青いバラのかたち、シルエットもきれい。

いまのおしゃれに
あわせてみたい すてきなもの

1「お母さんが若いころかぶっていたわ」
お店のかわいいおばあさんが見せてくれた
コサージュ付の麦わら帽子 **2** パリのモダン
ガールたちの愛用品？モノクロのフランス
映画の小道具みたい **3** ベルエポックの時代
の子どもたちがかぶっていたボンボン付の
お帽子です。

フランスの
ドールハウスのお店をのぞいてみると

パリのパッサージュ・ジュフロワのドールハウス専門店のちいさなちいさなガーデン雑貨たち。

1 ギニョールの人形劇の盛んな街リヨンの旧市街。のこり陽に浮かぶシルエット **2** おみやげ用ギニョールまんまる顔の指人形 **3** こちらは、むかしながらのリヨンのギニョールを写した絵 **4** いろんな人形たちが旧市街の窓やショーウィンドのあちこちに

手にのせて見るとほら、こんなにちいさい
ほとんどのものはイギリスの"クィーンズ・サイズ"と同じ
実物の12分の1。

人形たちの毎日のくらしのなかのかわいいかたち
でも 人形たちのすがたは そこにはいない

テーブルのうえは
アフタヌーンティー。
もしかしたらイギリス製？

"ディオール""ロレアル"
"レブロン"も
テーブルの主は
おしゃれなフランスギャル？

帽子のスタンドも
よくできています。

こちらは"ほんもの"の19世紀のビスクドール。ほんとは、もっと大きな子。

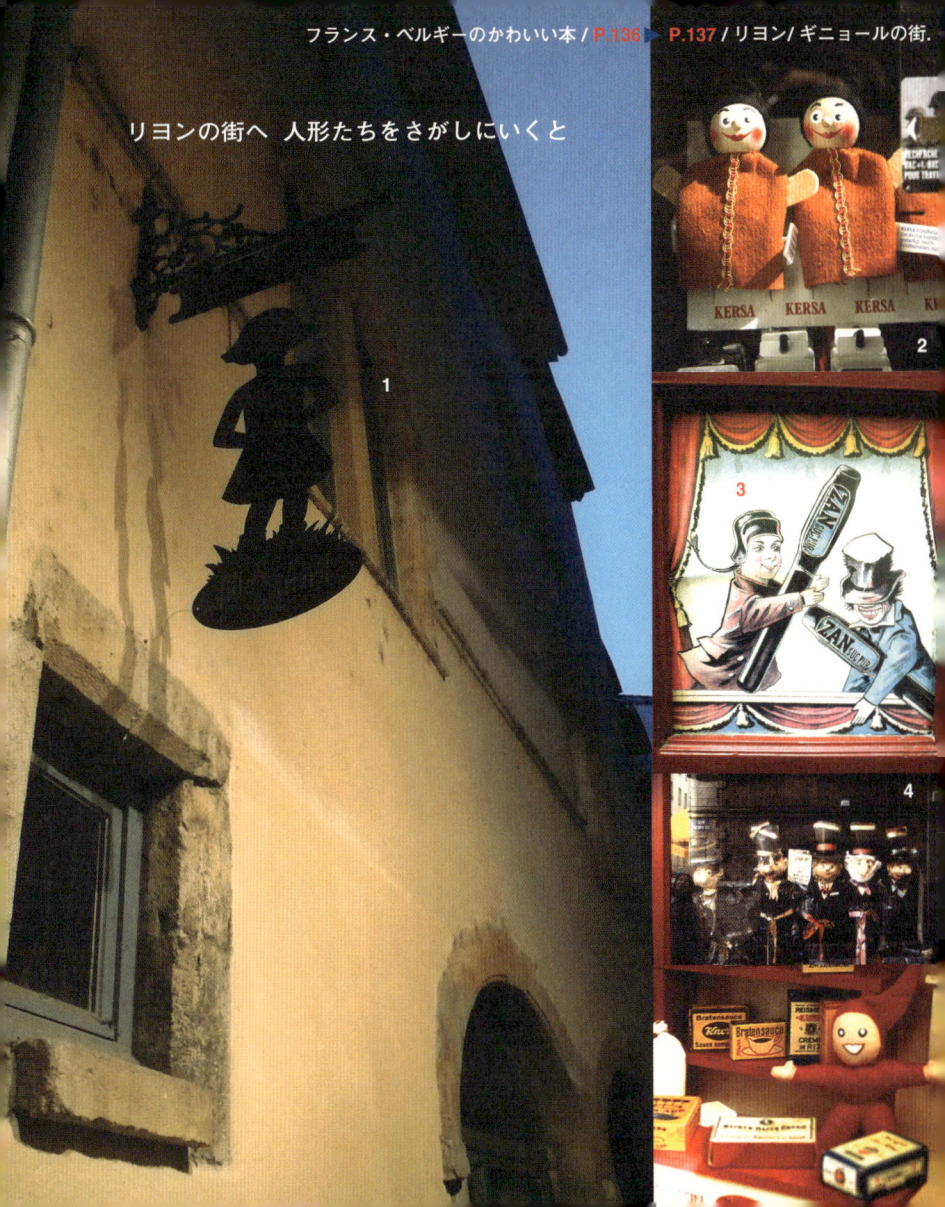

フランス・ベルギーのかわいい本 / P.136　P.137 / リヨン/ ギニョールの街.

リヨンの街へ　人形たちをさがしにいくと

人形劇の幕が開くところ　そこは

リヨンの街頭で上演されるギニョールのおなじみの
キャラクターは、おまわりさん。こん棒のような警棒を
ふりまわす様子が、いまの子どもたちにも人気です。

フランス・ベルギーのかわいい本 / P.138 ▶ P.139 / リヨン/ギニュールの街.

子どもたちのいるところ　さあ ふたたびパリの街へ　エッフェル塔の足下の劇場へ

Paris パリ #2

リヨンからパリへ ふたたび列車にのって
到着したのは出発と同じなまえのリヨン駅

エッフェル塔の足下にマリオネット・デュ・シャン・ド・マルス ▶ P.169
があります。百年以上前に開かれた人形劇場。週末になれば、その緑の劇場
のちいさな舞台の幕は開きます。それでは、入場料を払いなかへと入ってい
きましょう。はじまりが待ち切れない子どもたちのわいわい声が聞こえます。

今日は"シンデレラ"を上演します。
下のポスターは、ディジョンの壁に
貼られたリヨンのギニョール。

1 上演される演目は 30 くらい。これはおばあさんが主人公のお話 **2** 女の子の手にはもちろんお菓子 **3** 人形は全部で300くらいあるそう **4** 幕があがると進行役の人形が子どもたちを劇へと参加させます。人形が問いかけるたびに「Oui-!」と歓声をあげる子どもたち。お菓子をたべるのも忘れて笑ったり、ドキドキしたり。

何十年ものあいだずっと、
たくさんの子どもたちを
見つめてきた人形たち。

子どもたちに人気の演目は、やっぱり魔法もの。
今日の"シンデレラ"でも、仙女がかぼちゃを
馬車にするシーンが一番の盛りあがり。

子どもたちの大好きなお菓子や飲み物を売っている売店のおねえさん。

劇場で売っているお菓子もとてもかわいいつめあわせ。

もうひとつの人形劇場を
たずねていくと

Bienveune !
Théâtre de marionnettes

サン・ルイ島にもうひとつちいさな人形劇場があるときいてたずねた場所にあったのは一軒のチョコのお店。「ごめんなさい。人形劇は水曜の午後だけ」ちょっと魔法つかいみたいなマダムです。「どうぞ。なかへ、どうぞ」

la Charlotte de l'isle
24 rue st Louis en l'isle
75004 Paris 0143542583

パリの街を進むと、あちこちに大道芸人。
あつまる子どもたち。大人たち。

チョコのお店の名は"ラ・シャルロット・ドゥ・リル"。
ショップカードもこんなにかわいい。

1 お店の棚のポットも魔法使いの飼う黒猫のよう 2 棚いっぱい天井にもチョコの型 3 マダムがつくっていたのは三日月のチョコ 4 お店に飾った王冠は、ティーコゼー？ それとも子どもが王さまになるためのもの？

まるで魔法でお菓子にかえられたようなチョコ人形。

フランスとベルギーのかわいい本 / P.144 ▶ P.145 / パリ#2 / 3つの人形劇場.

お店のなかでは、マダムがチョコづくりの真っ最中。
甘いかおりがいっぱい。水曜は舞台と客席にかわる
店内は子どもたちが十数人も入れば満員という感じ。
時には、ピアノを弾いたり、劇の後に子どもたちを
厨房にいれてお菓子をふるまうこともあるそう。
いつまでも変わらない、古きよきフランスの感じ
させる場所。子どもたちにチョコの香かおりと共に
ひとときの夢をみせる人行人形つかいのマダムは、
ほんとに魔法使いなのかもしれません。
P.75にはマダムのおいしいタルトもありますよ。

何十年もつかわれてきた
チョコの型。

かわいい手描きのお菓子と飲み物のマダムのお店のメニュー。ながめているのは？

entre 12³⁰ et 14³⁰
petite dégustation salée

les boissons

les thés ..... 36 jardins au choix   25
café oriental avec café de Colombie   15
chocolat chaud ou glacé   30
citron ou orange pressé   26
citron orange pamplemousse   30
tisane   30

les pâtisseries

le florentin
la tartatou ... crème d'amande aux pêches, poires
                cassis myrtille groseilles.
la tarte au citron
le gâteau aux épices ... crème d'amande, 4 épices
                        avec orange confite et raisins

darjeeling
assam
mélange
crunch tea
oolong
broken ora
ceylan flow
flowery ora
keemun
gawa yun
caravane
Impérial
lapsang sou
terry sou
earl grey
gout russe
touraga
épices
aurore
prélude
4 saisons
4 fruits
inédit
tropical
thé à la

Parc du Champs de Mars

Où?

Sacré Cœur

Invalides

フランス・ベルギーのかわいい本 / P.146 ▶ P.147 / パリ♯2 / 3つの人形劇場.

ハサミでくりぬいた紙人形をつれてお散歩へ。
パリの街がそのまま劇場になったよう。
人形をつつむ空のした、木々や家、ストリート
"パリ"という名の劇場の名所ごとの幕々では
登場を待つ脇役たちがかくれています。

写真●原田ひこみ

Tour Eiffel

ここは、子どもたちの夢の国。

フランス・ベルギーのかわいい本 / **P.148** ▶ **P.149** /パリ♯2/ 公園.

人形劇が
終わったら

C'est un endroit préféré les enfants

公園 ▶ **P.171** へ。晴れた週末の午後なら子どもたちに会えますよ。おとずれたのはリュクサンブール公園。ここにもマリオネットの劇場があります。上演が終わって外へと飛び出した子どもたちのお目当てはメリーゴーランド？ それとも、どこまでもかけていける並木道？

フランスとベルギーのかわいい本 / P.150 ▶ P.151 / パリ♯2 / 公園.

今日は、マラソン大会を開催します。スタートと終点は、南のマロニエの並木道。でも、公園のどこをどう進むのか、途中、何をするのか、それは、ひとりひとりの気の向くまま、思いのまま。

陽はまだ高い　公園の門を出て

ほら
ポン・ヌフだよ

フランス・ベルギーのかわいい本 / **P.152** ▶ **P.153** / パリ♯2 / 図書館.

マドレーヌちゃんが落っこちたポン・ヌフをながめ カルチェラタンのお散歩へ

1 日曜と月曜はお休みです。気をつけて **2** 子ども専用のイベントルーム。大人の人は 閲覧図書のフロアへどうぞ **3** イベントルームでは、子どもたちが 読みたい本がすぐ見つかるように絵で表示。

ここが パリで一番おおきな子ども図書館

On y va à la bibliothèque.

パリ市立児童図書館 ▶ **P.169** はパリで、たぶんフランスで、一番おおきな子ども図書館。学生街のカルチェラタンの大きなビルが全部、子どもの本や絵本でいっぱいです。閲覧図書のフロアには、みんながよく知っている本、展示室には世界じゅうからやってきためずらしい本。それでは、世界で一冊だけのこの図書館にしかない本を、次のページでごしょうかい。

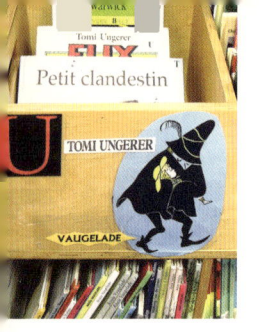

表紙は丈夫な
革でできています。

目が不自由な子どもたちのためにつくられた世界で1冊だけの絵本。
点字と、手で確かめるかたち、指でふれる素材の質感で読んでいく
手づくりの絵本です。
でも、目で見て読んでいってもとても楽しい絵本。
かぼちゃの顔の表紙とページのデザインもすてきです。
世界に何冊もある本になってほしい絵本です。

山羊のからだは、ごわごわ羊毛。

フランス・ベルギーのかわいい本 / P.154 ▶ P.155 / パリ♯2/ 図書館.

図書館の棚で見つけた花咲く野原の本は
どこかで見たことのある絵本

それは 花の野原と牧場にかこまれた
　　　ベルギーのちいさな村で見つけた本

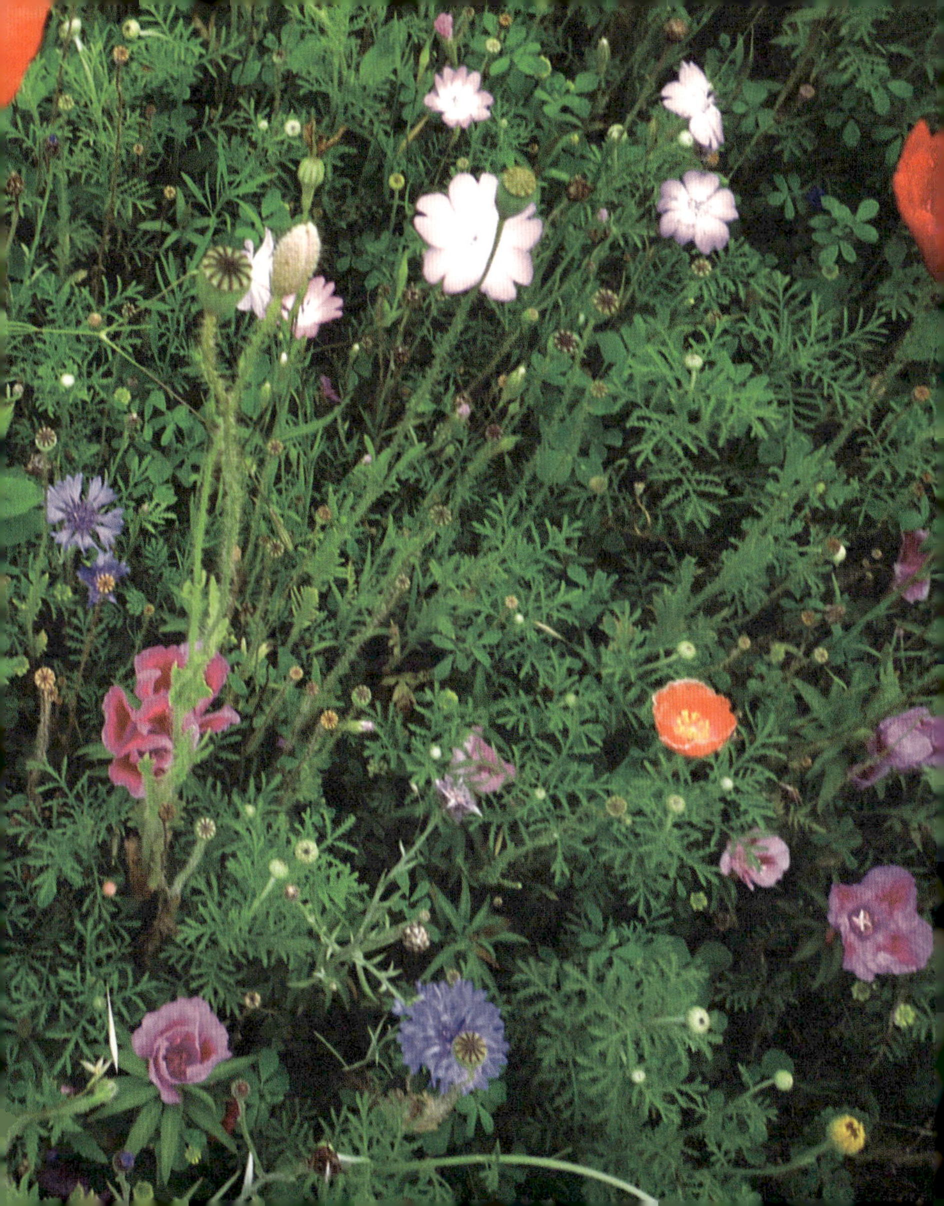

写真●ムッシュ徳岡

子どもたちを

つつむ世界を 開いたページのなかに ことばと絵でうつした フランスのかわいい本

この本は「フランス・ベルギーのかわいい本」という名前の

あなたがいつか旅するかもしれない2つの国のすてきな旅へのレッスンブック

ほんとうの「フランス・ベルギーのかわいい本」は
あなたにしかつくれない1冊だけの本　国境を越えてスピードをあげるバスの

車窓にあらわれる家々に
　　ひとつひとつ　物語があるように

この本のページをめくりながら
かわいいフランスとベルギーの街と町、村を
旅してください。

Pendant ce voyage, on a visité des villes comme ça.

イギリスのかわいいものを見つけた場所、この本をつくった
スタッフがたずねた町と村を、地図に印をつけてみました。
本のなかのかわいいイギリスを旅するための道標にしてください。

Belgium ··

左から黒、黄、赤の三色旗

左から青、赤、赤の三色旗

France ··

Luxembourg

England

ロンドン
London

ブリュッセル
Brùxelles

リール
Lille

La Tour Eben-Ezer　エベン・エゼールの塔

ルデュ Rude

パリ
ブルトイユ城　● Paris
Château de Breteuil ●
● Milly-la-Fôret　ミリ・ラ・フォレ

サンセール Sancerre ●　ディジョン
Dijon ●

Swiss

リヨン
Lyon ●

Italy

Spain

この本のページに登場したスポットのガイドです
VISITOR INFORMATION

●P.009の世界でいちばん大きなブロカントは
リールの大蚤の市
Braderie de Lille
毎年9月の最初の週末に開催される出店1万軒、
来客2百万人、ヨーロッパ最大と言われる
蚤の市。町の中心部が歩行者天国となり、
道路の両側に何kmにも渡ってならぶ数々の店では、
アンティーク・古道具衣類・古着、アクセサリー古本から
雑貨、食品まで、あらゆるものの露店が登場。
1日では回りきれない。
名物のムール貝を出すレストランの前には
貝塚がうず高く積まれ、
店々がその高さを競っている。
朝から晩まで、市内中心部一体で開催。

●P.026のブリュッセルの毎日開く蚤の市は
ジュ・ド・バル広場の蚤の市
Place du Jeu de Balle
マロー地区にあるジュ・ドゥ・バル広場で毎日開催。
ブリュッセル南駅（Gare de Midi）からも近い場所。
広い石畳のうえでアンティーク・雑貨、レース、服、
本、家具などあらゆるものの市。
掘出物のにおいがプンプン。！
M2号線　Porte de Hal・Halpoort駅で下車、徒歩数分
毎日開催　7:00～14:00

フランス・ベルギーのかわいい本 / P.166 ▶ P.167 / スポットガイド

●P.092のパッサージュのような
アンティークのアーケードもあるマルシェは
クリニャンクールの蚤の市
Marches aux Puces
パリ最大の蚤の市のエリア。いまは掘出物を
さがすより観光名所といういろあいも。
メトロ4番線Porte de Clignancourt駅で下車
P高架線に向かって歩いていくと、左側に露店、
パッサージュのような常設のマルシェが続いている。
土、日、月曜 開催 10:00〜18:00

●P.121のリヨンの蚤の市は
運河の蚤の市
Puce Canal
ちいさなボタンから家具、馬車まで、
パリと比べれば格安に手に入る
露店とロフトのマーケット。
運河の市へは、パール・デュー駅から
タクシーで15分くらい。
木、土曜午前中が業者向けでロフト中心。
(一般も買物は可能)
日曜午前中が一般向けの野外市も開催。

フランス・ベルギーのかわいい本 / P.168 ▶ P.169 / スポットガイド.

●P.042のベルギーの田舎の古本の村は
ルデュ
Rude

ベルギー東部の山中ののどかな村。
1960年代、イギリスにうまれた本の町ヘイ・オン・ワイに
ならってジャーナリストのノエルさんの村おこし運動？
からつぎつぎと本屋、レストランも集まり現在へ。
ブリュッセル中央駅からルクセンブルク方面の列車にのって
2時間。リブラモン駅で下車。
お店があいているのは週末やバカンス中心。

●P.081ののんびりしずかなパリの週末の古本市は
ジョルジュ・ブラッサンス公園の古本市
Marché du livre

公園のなかの大屋根いっぱいに、古書、古本等のお店。
メトロ13番Porte de Vanves下車。出口（Chatillon-Montrouge寄りの
出口を出て、高架下をくぐって、最初の斜め右の道rue Chauvelotを
突き当たりまで行って右折。rue Brancionを進めば左側に公園が。
駅から徒歩10分くらい。
土・日曜の9時半から18:00〜20:00
Parc Georges Brassens
rue Brancion 75015 Paris

●P.098のお赤ずきんや長靴猫のいるお城や森のある
ブルトイユ城
Château de Breteuil

フランスの歴史と貴族のロマンいっぱいの由緒あるお城。
「ベルサイユのばら」ともゆかりの深い？ところ。
マリー・アントワネットも愛した広大な敷地には、手入れ
の行き届いた庭園、レンガと石造りの豪華なお城。そのな
かにシャルルペローなどの童話の主人公があちこちに。
パリからRER B線の終点St-Remy-les-Chevreuseで下車。
タクシーで5分。平日14:30〜17:30 日曜、祝日10:00〜18:00

●P.093の絵本の本屋さんは
リブレリー・レスカリエ
Librarie L'escalier
1階は文学や美術書の本屋さん。でも地下に
降りると、フランスと世界の作家の絵本が
セレクトされたギャラリーのような本屋さん。
日本の絵本もありました。
12,rue Mousieur Prince
75006 Paris
10:00～19:00　日曜休

●P.153の
パリでいちばんおおきな子ども図書館は
パリ市立児童図書館
Bibiothéque l' Heure Joyeuse
児童文学、図鑑、絵本などなど子どもの本がいっぱい。
イベントフロアでは読み聞かせなどのイベントも。
6/12 rue des Prétres Saint-Séverin 75005 Paris
火、木、金曜 15:30～18:15 　　水、土曜 10:30～18:15

●P.140のエッフェル塔のふもとの人形劇場は
マリオネット・デュ・シャン・ド・マルス
Marionettes du Champ de Mars
1902年にオープンした歴史ある人形劇場。パリで子ども時代を
すごした人ならなつかしい思い出の場所。
シャン・ド・マルス公園のなかの緑のテントのような建物。
週末を中心に週3回の上演。

フランス・ベルギーのかわいい本 / P.170 ▶ P.171 / スポットガイド.

●P.067のルルさんの不思議な手づくりのお店は
Loulou Les Ames Arts
サンマルタン運河沿いの"見たこともない"手づくりの
お店。古い家具や食器、実験器具、マネキンのボディなどなど
統一性のないブロカントに素材に手をインテリアや照明、
アートな雑貨を手づくり。
104 Qual de Jemmapes 75019 Paris
月、火曜休み　14:00〜19:00

ルルさんのお店の
ショップカードはこちら。

●P.071のモンマルトルのマリアンヌさんの
生地と手芸用品のお店は
TISSUS DAM
オートクチュール用の生地からちいさなボタンまで
きれいなもの、かわいいものがいっぱい。
お店の奥では、手芸の教室も開くアトリエショップ。
「日本のかわいいお客さまもよく入ってらっしゃいます。
笑顔でレースやリボン、ボタンを買ってらっしゃいます」
とのこと。
46 rue d'Orsel 75018 Paris

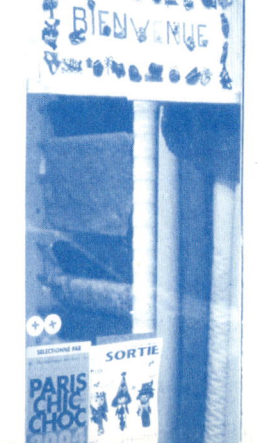

なぜか、入口のドアには日本語の雑誌の表紙も。

ここ
どこ？

チュイルリーのお庭よ

●P.149の週末の晴れた日なら子どもたちと出会える
　パリの公園をいくつかごしょうかい

リュクサンブール公園 Jardin du Luxembourg　　メトロ　Odeon、Vavin、Notre-Dame-des-Champs
サンジェルマンのすぐ南。マリオネットの劇場やメリーゴーランドもあるひろびろした美しい公園。
チュイルリー庭園 Jardins des Tuileries　　メトロ　Concorde、Tuileries
幾何学的な2つの噴水がきれい。噴水のまわりのイスでゆっくり。お腹が空いたら公園のカフェへ。ルーブルも近い。
シャン・ドゥ・マルス公園 Parc du Champs de Mars　　メトロ　Ecole Militaire
エッフェル塔と陸軍士官学校を結ぶ広い芝地とイギリス式庭園のコントラストがちょっと不思議。原っぱのよう。
P.140の子どもたちの大好きな人形劇場もこのなかです。

フランス・ベルギーのかわいい本 / P.172 ▶ P.173 / あとがき.

この本は、雑誌のようなブックシリーズ「くりくり」とその姉妹シリーズ
「SORTIE」の取材、編集スタッフが1995年より2008年にかけて フランス、
ベルギー、イギリスで撮影した写真と体験をもとに旅行記風にまとめました。
少々、創作的な表現もあるかと思います。
訪れた当時の場所、人々、できごと、その他、表記された内容が
その後、かたちを変えて現在とは異なることもあるかもしれません。
ページに掲載された写真の一部は「くりくり」「SORTIE」の取材スタッフが
撮影し、その後、関連テーマの書籍、雑誌類に掲載されたものを再使用
していますが、その著作権は、すべてスタッフに属するもので
構成されています。

以上をご了承のうえ、本のページのなかの旅をお楽しみいただけると幸いです。

Merci !

この本をつくったスタッフは

写真撮影 ● 山本 光　佐藤 康　ムッシュ徳岡　原田ひこみ　栗田敬子　三村絵里　石坂 寧

編集・デザイン・文章 ● AMULET　石坂 寧（くりくり編集室）

編集協力 ● 木村 誠　原田ひこみ

PANACHE
L'ÉCUREUIL

ALBUM DU PÈRE CASTOR

eur◯Lines

LA SEMAINE DE SUZETTE
LA GAZETTE DES ENFANTS
COIN!
votre décor
SNCF
AGNELET
Henry

Elles sont le fruit
de technologies avancées associées
à notre savoir-faire traditionnel
pour nous permettre de mieux
vous satisfaire :
plus de légèreté, de régularité
une meilleure hygiène
grâce à la stabilisation
du produit frais.

Pour savourer pleinement
ces pâtisseries
nous vous conseillons de
les déguster le jour même
et de ne pas les recongeler

フランス・ベルギーのかわいい本
Collection de jolie choses en France et en Belgique.

編 集 　　くりくり編集室

発 行 　　株式会社 二見書房
　　　　　東京都 千代田区三崎町2-18-11
　　　　　Tel. 03-3515-2311（営業）　03-3515-2314（編集）
　　　　　振替　00170-4-2639

印刷・製本　図書印刷株式会社
落丁、乱丁本はお取り替えします。定価はカバーに表示してあります。

© TOYSHA 2009, Printed in Japan.
　ISBN978-4-576-09049-8
　www.futami.co.jp